suhrkamp taschenbuch 1003

James Joyce, geboren am 2. Februar 1882 in Rathgar, Dublin, starb am 13. Januar 1941 in Zürich.

»Joyce, Sie wissen doch, dieser irische Gigant, der unser literarisches Jahrhundert aus den Angeln gehoben hat mit seinem zeitgegenläufig geschriebenen *Ulysses*. Der Zeitpunkt liegt so um 1909 herum. Da lebte der wortgewaltige Romancier in Triest und fristete sein Leben mühsam mit Sprachunterricht. Ja, und da hatte er eine Affäre mit einer Schülerin, kindjung anscheinend, doch von überzeugender Weiblichkeit. Ihr zuliebe schrieb er eben jenes Novellchen. Es steht alles darin, was einem reifen Mann passiert, wenn er sich vergißt. Und es ist in eine Poesie, in eine feine Lieblichkeit eingefangen, wie sie nur ein Joyce vermag, wenn er verliebt ist.« *Werner Helwig*

James Joyce
Giacomo Joyce

Herausgegeben
von Richard Ellmann
Übersetzt
von Klaus Reichert

Suhrkamp

Ergänzungen zu den Anmerkungen von Fritz Senn

suhrkamp taschenbuch 1003
Erste Auflage 1984

Suhrkamp Taschenbuch Verlag
Druck: Nomos Verlagsgesellschaft, Baden-Baden
Printed in Germany
Umschlag nach Entwürfen von
Willy Fleckhaus und Rolf Staudt

1 2 3 4 5 6 – 89 88 87 86 85 84

Inhalt

Einführung von Richard Ellmann

Aller Wahrscheinlichkeit nach ist *Giacomo Joyce* die letzte Arbeit von James Joyce, die veröffentlicht wird. Er schrieb sie vor über einem halben Jahrhundert in Triest, zu jener Zeit, da er *A Portrait of the Artist as a Young Man* beendete und mit *Ulysses* begann. *Giacomo Joyce* ist der Drehpunkt zwischen den beiden Büchern. Ein Liebesgedicht, das nie aufgesagt wurde, ist es Joyces Versuch der *éducation sentimentale* einer *dark lady*, der Abschied von einem Abschnitt in seinem Leben, und gleichzeitig die Entdeckung einer neuen Form des imaginativen Ausdrucks.

Joyce hat das Manuskript in Triest zurückgelassen; sein Bruder Stanislaus hat es vor dem Untergang bewahrt. Später wurde es von einem Sammler erworben, der unbekannt zu bleiben wünscht. Joyce schrieb den Text in seiner besten kalligraphischen Handschrift, ohne Änderungen, auf Vorder- und Rückseite von acht großen Blättern, die locker in den fadblauen Deckeln eines Schulheftes stecken. Die Blätter sind aus starkem Papier, übergroß, und von der Art, wie man sie gewöhnlich für Bleistiftskizzen benutzt – weniger zum Zwecke von Schreibaufgaben. Sie erinnern von fern an die Pergamentblätter, auf die Joyce 1909 die Gedichte aus *Chamber Music* für seine Frau kopierte. In die linke obere Ecke des Vorderdeckels ist der Name »Giacomo Joyce« von anderer Hand geschrieben.

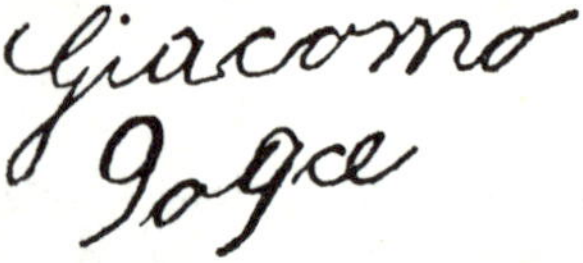

Joyce hat diese italienische Form seines Namens nie benutzt. Daß er sie hier, zur Verzierung einer Liebesstudie, akzeptiert, dürfte seine Vorstellung vom *dépaysement* als eines Triestiner Dubliners, der nach Anerkennung in zwei Sprachen schmachtete, zum Ausdruck bringen. Er war's zufrieden, das, was er geschrieben hatte, unter dieser Überschrift stehen zu lassen, und es schien sinnvoll, diesem Beispiel zu folgen, da die Obertöne der Reduktion aufs Ich dem Stück entsprechen. Joyce läßt keinen Zweifel daran, daß der Held mit ihm selber zu identifizieren ist, denn er nennt Giacomo »Jamesy« und »Jim«, und wendet sich einmal mit »Nora« an seine Frau.

Giacomo Joyce stellt die erotische Verwirrung dar, in die der Held wegen einer Schülerin gerät, der er Englisch beibrachte. Joyce hatte viele solcher Schülerinnen in Triest, doch er scheint seine Protagonistin mit einer im besonderen zu assoziieren, mit Amalia Popper, die in der via San Michele wohnte.* Ihr Vater, Leopoldo Popper, hat vielleicht Bloom im *Ulys-*

* Neuerdings hat sich herausgestellt, daß Amalia Popper nicht dort, sondern via Alice 16 wohnte. Die auf Seite 36 erwähnte via San Michele führte aber zu ihrem Haus. (Siehe *The New York Review of Books*, vol. XIII, No. 9, 20. November 1969, S. 44 ff.) (A.d.Ü.)

ses seinen Vornamen gegeben. Wenn er aber dem Vater der Schülerin Modell gestanden hat, so mußte immerhin sein imposanter Schnurrbart einem ungewohnten Backenbart Platz machen. Signorina Popper, später die Frau von Michele Risolo, starb 1967 in Florenz. Ihr Mann datiert die Stunden, die sie bei Joyce nahm, in die Jahre 1907 und 1908, und erklärt, sie habe nach 1909 Joyce nicht mehr wiedergesehen, da sie Triest verließ, um die Universitäten von Wien und Florenz zu besuchen.* Wenn diese Erinnerung stimmt, dann hat Joyce vermutlich entweder spätere Begegnungen erfunden oder Züge Signorina Poppers auf eine Nachfolgerin unter seinen Schülerinnen übertragen. Das Werk läßt jedenfalls keinen Zweifel daran, daß die Episode – als das was sie war – zu Ende war, bevor er Triest 1915 verließ.

Joyces Prosaschriften sind so sehr an eine irische Szenerie gebunden, daß *Giacomo Joyce* sich von ihnen schon dadurch absetzt, daß er auf dem Kontinent spielt. Die Stadt Triest wird, wie Dublin, mittelbar dargestellt, doch, im Unterschied zu Dublin, nur manchmal mit genauen Ortsangaben. Eine Hochlandstraße, ein Spital, eine Piazza, ein Markt erscheinen und bleiben absichtlich anonym. Dennoch werden sie lebendig, da sich das Mädchen und ihre Familie in ihnen bewegen. Man erkennt die Stadt mit ihren bergigen Straßen, den braunen überein-

* Nach neueren Aussagen von Risolo kann Joyce Amalia Popper bis 1911 unterrichtet haben. (Siehe *The New York Review of Books* a.a.O.) (A.d.Ü.)

andergeschobenen Ziegeln ihrer Dächer, dem Cimitero Israelitico, der nationalistischen Gereiztheit gegenüber der österreichisch-ungarischen Herrschaft. Gegen diesen Hintergrund sind Bilder nicht nur von Paris gesetzt, wie im *Ulysses*, sondern auch von Padua und dem Reisland bei Vercelli. Durch diese kontinentalen Szenen geht Giacomo, ausländisch und schmachtend, vom Meer besprengt, er, der einst feurig war. Als Person ist er älter und weniger arrogant als Stephen, jünger und zielbewußter als Bloom, ein mittlerer Sohn in ihrer literarischen Familie.

Das Manuskript ist nicht datiert, doch es beschreibt eine Reihe karger Vorkommnisse und pompöser Gefühle, die Joyces Fühlen und Denken viele Monate lang absorbiert haben müssen. Es beginnt mit der ersten Stunde, an der seine neue Schülerin teilnimmt. Verschiedene Ereignisse, die erwähnt werden, lassen sich genau datieren. Zum Beispiel ist Joyce auf dem jüdischen Friedhof in Gesellschaft des »pickeligen Meissel«, der ans Grab seiner Frau trauern gekommen ist. Das war Filippo Meissel, dessen Frau, Ada Hirsch Meissel, am 20. Oktober 1911 Selbstmord begangen hatte. Ein anderer zeitlicher Anhaltspunkt ist die Erwähnung eines Musikkritikers namens Ettore Albini, den man aus der Mailänder Scala hinauswarf, weil er nicht aufstand, als die »Marcia Reale«, die Hymne des Königreichs Italien, gespielt wurde. Albini, der für die römische Sozialistenzeitung *Avanti!* schrieb – und nicht, wie Joyce sagt, für das Turiner Tageblatt *Il Secolo* –, wurde am 17. Dezember 1911 hinausgeworfen, bei einem Wohltätigkeitskonzert für das italienische Rote Kreuz und die Familien der Soldaten, die in Libyen, wo Italien gegen die Türken kämpfte, gefallen waren oder verwundet wurden.

Andere Bezüge – ebensooft dem Ablauf des Textes widersprechend wie ihm folgend – zeigen an, daß weitere Zeit verstrichen ist. Eine Beschreibung des nächtlichen Padua muß von Joyces beiden Reisen dorthin stammen, die Ende April 1912 stattfanden, als er sich Prüfungen unterzog, in der Hoffnung, die Lehrbefugnis für Englisch an einer italienischen höheren Schule zu erhalten. Das Reisfeld bei Vercelli, das er erwähnt, wäre vom Zug zwischen Mailand und Turin aus zu sehen; er fuhr diese Strecke auf seiner Fahrt nach Irland im Juli 1912. Es gibt weiter eine Anspielung auf seine »dem gelehrigen Triest« gehaltenen Vorträge über *Hamlet*, bei denen seine hübsche Schülerin unter den Zuhörern saß. Diese Vorträge, deren Zahl von den angekündigten zehn auf zwölf erhöht wurde, fanden vom 4. November 1912 bis zum 10. Februar 1913 statt.

Einige Bezüge auf Joyces Werke verlegen die Abfassung des *Giacomo Joyce* auf ein noch späteres Datum. Schwerlich konnte er einen Traum über den *Ulysses* vor 1914 gehabt haben – jenes Jahr, in dem das Werk, wie er später immer sagte, erstmals in seinem Geist Gestalt annahm. Und er zeigt seiner Schülerin wenigstens Teile des *Portrait of the Artist as a Young Man*. Ihre Bemerkung, es sei freizügig nicht um der Freizügigkeit willen, wäre besonders dann angebracht, wenn sie das dritte Kapitel gelesen hätte, wo Stephen seine Sünden im einzelnen aufführt und bereut. Dieses Kapitel gab es seit 1908 in Manuskriptform, doch erst im Juni 1914 ließ Joyce es mit der Maschine abschreiben, um es nach London an den *Egoist* zu schicken, wo der Roman in Fortsetzungen gedruckt wurde. Damals ließ er allem Anschein nach mehrere Kopien machen, denn er lieh eine seinem Freund Italo Svevo, und in der erwähnten Stelle deutet er an, daß er eine weitere seiner Schülerin lieh. Damals arbeitete er noch an den letzten beiden der fünf Kapitel des Werks. So will es scheinen, daß die in *Giacomo Joyce* zusammengefügten Ereignisse und Stimmungen in die Zeit zwischen Ende 1911 und Mitte 1914 fallen. Während Joyce sich vermutlich bis zu einem gewissen Grad auf frühere Notizen stützte, ist es doch nicht möglich, daß er den Text als Ganzes vor Ende Juni 1914 niederschrieb.

Viel länger danach kann er ihn nicht geschrieben haben, denn Kapitel V des *Portrait*, das er am 11. November 1914 beendete, enthält von Anfang bis Ende direkte Entlehnungen aus *Giacomo Joyce*. Einige verbatim; die meisten sind überarbeitet, wie etwa die Passage: »Meine Worte in ihrem Kopf: kalte blanke Steine, die in einem Sumpf versinken«, aus der in Kapitel V das Folgende wird: »Der schwere Klumpen Satz sank langsam außer Hörweite wie ein Stein in einem Sumpf.« Joyce war nicht der Mann, sich zu wiederholen, und so läßt sich vermuten, daß er irgendwann vor Mitte November 1914 beschloß, *Giacomo Joyce* lieber zu plündern als zu publizieren. Er tat das nicht nur zum Nutzen des *Portrait*, sondern auch zu dem des *Ulysses* und seines Stückes *Exiles*.

Es ist also am wahrscheinlichsten, daß die endgültige Fassung des *Giacomo Joyce* aus dem Juli oder August 1914 stammt. Der Anstoß, den Text niederzuschreiben, mag durchaus von seinem Freund Svevo gekommen sein, der sich in einem Brief an Joyce vom 26. Juni über die eben erschienenen *Dubliners* und das Typoskript der ersten drei Kapitel des *Portrait* äußerte und dann fragte: »Wann werden Sie ein italienisches Werk über unsere Stadt schreiben? Warum nicht?« Joyce ließ sich gern anregen, und er hatte Grund, einer Anregung von Svevo besondere Aufmerksamkeit zu schenken, da Svevos Romantechnik – einer Selbstverkleinerung mit anschließender Selbstbefreiung und -erlösung durch den Witz – eine Rolle in der sich entwickelnden Konzeption Leopold Blooms spielte. Zudem hatte Svevos früher Roman *Senilità* (für den Joyce den englischen Titel *As a Man Grows Older* vorschlug) das Thema vom Mann in mittleren Jahren – in Wirklichkeit ist er erst fünfunddreißig –, der eine jüngere Frau liebt, neu brisant gemacht. Keiner hatte die Kümmernisse, die Liebende verschiedenen Alters überkommen, scharfsinniger als Svevo spezifiziert und verspottet. In dieser modernen Behandlung des Nausikaa-Themas verbindet der Held, Emilio, seine Rolle als Angiolinas Verführer mit einer problematischeren: ihr Moralprediger zu sein. Er zappelt in einem Meer halbbewußter Absichten, die nicht ein-

mal alle schlecht sind, und die Giacomo und Bloom (besonders in seiner Rolle als flirtender »Henry Flower«) durchaus anerkennen könnten. Joyce bewunderte Svevos Roman sehr, besonders wegen seiner Ironie; in *Senilità* gab es Anzeichen, Vorboten seines eigenen Themas, obschon Giacomo ein wirklicher Lehrer ist, keiner von eigenen Gnaden, und eine Intensität hat, wie seine Geliebte einen Stil, die für Emilio und Angiolina unangemessen waren.
Ähnlich war Joyce sich beim Schreiben des *Giacomo Joyce* der Tatsache bewußt, daß er das dreißigste, das ominöse Jahr überschritten hatte. Er liebte es, seine Freunde, etwas pedantisch, zu erinnern, daß die Römer bei siebzehn die Grenze zwischen *pueritia* und *adulescentia* gezogen hätten, und daß mit einunddreißig die *iuventus* begänne. Die Trauer, nicht länger ein Jüngling zu sein, selbst nach römischer Rechnung, peinigte Joyce so sehr, daß er in seinem einunddreißigsten Jahr zum ersten Mal seit *Chamber Music* wieder Gedichte zu schreiben begann. Das erste hieß »Watching the Needleboats at San Sabba«, für dessen Refrain er sich an Puccinis *La Fanciulla del West* inspirierte:

I heard their young hearts crying
Loveward above the glancing oar
And heard the prairie grasses sighing:
No more, return no more!

O hearts, O sighing grasses,
Vainly your loveblown bannerets mourn!

No more will the wild wind that passes
Return, no more return.*

Auf dieses Gedicht, das im September 1913 geschrieben wurde, folgte »A Flower Given to My Daughter«, eine Gabe, die auch in *Giacomo Joyce* dankbare Erwähnung findet, dann *»Tutto è sciolto«* (13. Juli 1914) und »Nightpiece« (1915), die beide eng mit der gleichen Liebesaffäre verknüpft sind, wie auch andere Gedichte, deren Verbindung hierzu lokkerer ist. Alle verfolgen, in dem eher anämischen Stil, den er seinen Gedichten vorbehielt, jenes Thema, das er in *Giacomo Joyce* mit Sweelincks Variationen für das Klavichord über »Youth Has an End« assoziiert:

Mein junges Leben hat ein End,
Mein Freud und auch mein Leid,
Mein arme Seele soll behend
Scheiden von meinem Leib.
Mein Leben kann nicht länger stehn,
Es ist sehr schwach und muß vergehn
In Todeskampf und Streit.

Solch schmerzliche Befürchtungen werden in *Giacomo Joyce* durch eine Reihe gleichzeitig schwelgeri-

* »Die Nadelboote bei San Sabba betrachtend«: Ihre jungen Herzen hört ich weinen / Über blankem Ruder liebehin / Und die Gräser der Prärien hört ich seufzen: / *Nie wieder, nie wiederkehren!* // O Herzen, O seufzende Gräser, / Vergeblich trauern eure liebgeblähten Segel! / Nie wieder wird der wilde Wind der hinzieht / Kehren, nie wiederkehren.

scher wie steriler Begegnungen vorgeführt. Diese spielen sich auf verschiedenen räumlichen Ebenen ab, stets die Distanz bestätigend. Die Schülerin steht unverkennbar höher, »eine junge Frau aus guter Familie« in ihrem komfortablen Haus oben in der bergigen via San Michele.* In duftende Pelze gehüllt, selber aber merkwürdig duftlos, starrt sie durch eine Lorgnette und klappert mit hohen Hacken, während er unten steht und hochblickt »aus Nacht und Morast«. Einmal, in der Oper, sitzt er über ihr, aber da ist seine Stellung noch erniedrigender, denn er befindet sich auf dem Olymp, von der Plebs und ihren Gerüchen umgeben, und starrt, ohne daß er gesehen wird, hinunter auf ihre kühle kleine Schönheit, ihren grüngekleideten Leib und das spitzgetürmte Haar unten zwischen den teuren Leuten.

Im Verlauf dieser wechselnden Perspektiven entwickelt Joyce das Paradigma der unbefriedigten Liebe, wie es den nicht mehr jungen Menschen überkommt. Giacomo, dessen mangelndes Selbstvertrauen verblasen wäre, hätte Joyce es mit weniger Ironie dargestellt, registriert die verschiedenen Modulationen seines Begehrens; er bewundert seine Schülerin und fühlt mit ihr, patronisiert sie und verhöhnt sie im geheimen, ergeht sich in Andeutungen, hält sich zurück, sagt nicht, was er sagen will, erliegt wie Stephen und Bloom verdrossenem Entzücken – der Dichterkost – und phrasiert mit gnadenloser Kunstfertigkeit seinen lachhaften Mißerfolg. Die Sprache wechselt gelegentlich in Shakespeares Dik-

* Siehe Fußnote auf Seite 10

tion hinüber, die nicht nur für liebliche Zärtlichkeiten sondern genauso für »lustverseuchte Dirnen« gebraucht wird, und evoziert, durch die Diktion, eine Atmosphäre von Schlössern, prinzlichem Zögern, Heraldik, höflicher Schicklichkeit, Polonius mit seiner Tochter; aber dann gleitet sie rasch in zwei spezifisch Joycesche Stilmanieren hinein, das Sich-um-sich-selber-Spulen der Wörter in einkreisender Repetition, um der »Gefühlskurve« zu folgen, wie immer wieder im *Portrait*, und in die neuere Manier, die er für den *Ulysses* entwickelte, die der pointierten, sicheren, stenogrammartigen Wendungen, die keinen markierten Nachdruck mehr brauchen.

Von Anfang an, als die Schülerin aus dem Nichts auftaucht und ihn fragen läßt: »Wer?«, ist sie fern, bleich, ungreifbar, ihm entrückt durch ihre Augengläser, durch die Tatsache, daß sie sich nie die Nase putzt, durch ihre Spinnweb-Handschrift, durch ihr Jüdischsein, durch ihr behütetes Heim, durch ihre natürliche Distinguiertheit, durch ihre unerklärliche und unüberwindliche Tugendhaftigkeit. Oft ist die Szenerie verhangen, wolkig, dunstig, umgeben von Geistern in verschiedenen Graden der Manifestation, wie um sie und sein Verlangen nach ihr in ominöse oder gar gänzliche Ungewißheit zu hüllen. In *Finnegans Wake* läßt er eine andere Tochter, die Anna Livias, zu einer Wolke werden, und eine gewisse Assoziation zwischen dem Nubilen und dem Nubilösen scheint ihm hier durch den Kopf zu gehen.

Dennoch läßt er allerdings, zwischen den Wolken, mit geschmeidiger Präzision das spezifische Wesen seiner Schülerin erstehen, ihr bestürztes Zurückprallen vor seinem timiden Ansturm, ihre müde Zerbrechlichkeit, ihre geistige Ambition, ihre nicht endende Begehrtheit. Auf den letzten Seiten wird die Situation halluzinatorisch; Traumbilder werden häufiger. Er hat ihr Wesen so vollständig ergründet, daß ihre Augen (wie Donnes sich verflechtende Blicke) sich durchdrungen haben. Einen Augenblick träumt er, wie Robert Hand in *Exiles*, daß sie ihm gehört hat. »Im Schlaf ein Fürst, doch wachend nichts dergleichen.« Was ihn weckt, ist ihr königliches Verdikt, von dem ein einzelner Satz zitiert wird: »Weil – sonst könnte ich Sie nicht sehen.« Daß diese Abfuhr vorauszusehen war, macht sie nicht akzeptabler. Doch ist das Feld nicht gänzlich verloren: »Was also? Schreib's auf, verdammt, du, schreib's auf! Wozu taugst du denn sonst?« Wenn er auch genausowenig Prinz Hamlet ist wie Christus (obschon ihm beide Parallelen in den Sinn kommen), hat er doch wenigstens etwas mit Shakespeare gemein. »Angenommener Donjuanismus wird ihn nicht retten«, wie Stephen von seinem gleichermaßen beraubten und ohnmächtigen Shakespeare im *Ulysses* sagt. Wie in allen Werken von Joyce, wird im *Giacomo Joyce* die Macht der Liebe notgedrungen zugestanden, wenn er auch die Trübseligkeit des menschlichen Trachtens, sich ihrer zu erfreuen, attestiert.

Bei der endgültigen Niederschrift mag die Erscheinung des Werks auf der Seite durchaus zu einem Bestandteil seiner Substanz geworden sein. Vielleicht hat Joyce an Mallarmé gedacht, als er die Eintragungen durch Pausen von verschiedener Dauer, die durch Räume von verschiedener Länge ausgezählt werden, trennte und verband. Je andere Grade des Schweigens scheinen aufgeboten zu sein, um mit Gruppen lakonischer oder ausladender Rede zu alternieren. Auf der vorletzten Seite zum Beispiel wird der Eindruck der verdichteten Bilder noch erhöht durch die gedrängte Handschrift und das Fehlen von Pausen.

Nachdem Joyce sich dazu gebracht hatte, *Giacomo Joyce* abzuschreiben, mußte er sich als nächstes dazu bringen, ihn nicht zu veröffentlichen. Da es Berührungspunkte zum eigenen Land kaum gab, da der Text so offen von den Schwächen des Autors sprach und so wenig impersonalisiert war (wenn auch ironisch distanziert), daß er die ästhetische Schule, die Stephen Dedalus gerade aufgemacht hatte, praktisch schwänzte, fiel Joyce der Entschluß vielleicht um so leichter, den Text aufzugeben. Er hatte außerdem das Beispiel seiner Epiphanien, die mehr als zehn Jahre früher in der verwandten Absicht geschrieben worden waren, »die Bewegungen meines Geistes« zu enthüllen, und die schließlich abgeschoben wurden, um zu Seiten im *Stephen Hero* zu werden. Doch er liebte *Giacomo Joyce* als solchen offenbar zu sehr, um ihn zu opfern – welche Selbstbescheidung auch immer er später üben mochte –, bevor er seiner Billigung den Stempel aufgedrückt hatte, indem er den Text ins reine schrieb.

Der Geist des *Giacomo Joyce* fächert sich jetzt auf. Seine Heldin, die Giacomo mit Beatrice Portinari und Beatrice Cenci in Verbindung bringt, steht auch mit Beatrice Justice in *Exiles* in Verbindung. Diese Beatrice hat ähnlich schwache Augen – von schönen Wimpern gesäumt –, mit denen auch sie die früheren Schriften des Helden gelesen hat. Im ersten Akt des Stückes erklärt sie, warum sie in Richards Haus gekommen ist, und die Worte, die sie benutzt, sind fast die gleichen wie die einzigen Worte, die Giacomos Schülerin direkt spricht: »Sonst könnte ich Sie nicht sehen.« Diese Bemerkung, die Giacomo zerschmettert, wird in einen Kontext umgesetzt, wo sie Richard schmeichelt: Andeutung dessen, was Joyce anderswo die Macht der Selbstbefreiung durch die Kunst genannt hatte. Eine Niederlage in Triest kann sich zum Sieg in Dublin umschreiben.

Es zeigte sich, daß die in *Giacomo Joyce* registrierten Gefühle auch für *A Portrait of the Artist as a Young Man* ihre Gültigkeit hatten. Die neuen erotischen Emotionen halfen jene von vor zehn Jahren aufzupolieren, die inzwischen abgeschwächt waren. Daß Stephens Mädchen symbolisch für die irische Rasse stehen sollte, wie Giacomos Mädchen für die jüdische steht, war kaum ein Hindernis; im *Ulysses* würde Joyce dann, mit allem nur möglichen Geschick, die Vertauschbarkeit der beiden Rassen vorführen. Beide Mädchen sind dunkelhaarig und jungfräulich, obschon es beide (wie Bertha in *Exiles*) mit sich geschehen lassen müssen, daß sie vom Denken und Fühlen ihrer Anbeter imaginär besessen werden. Im Einklang mit den sensorischen Präferenzen des *Portrait* wird dem irischen Mädchen »ein wilder

und schmachtender Geruch« zugestanden, der ihrer Triestiner Schwester verweigert wird.
Dann ruft sich Stephen, der über eine Zeile aus Thomas Nash nachdenkt, das Elisabethanische Zeitalter in den Sinn:

Augen, aus dem Dunkel des Verlangens sich öffnend, Augen, die den anbrechenden Morgen trübten. Was war ihre schmachtende Anmut als die Lindheit in Kammern und Unzucht? Und was war ihr Schimmern als das Schimmern des Abschaums, das den Jauchepfuhl am Hofe eines sabbernden Stuart überkrustete. Und er schmeckte in der Sprache der Erinnerung Ambra-Weine, ersterbende Kadenzen süßer Airs, die stolze Pavane: und sah mit den Augen der Erinnerung freundliche Edelfrauen in Covent Garden von ihren Balkonen mit saugenden Mündern buhlen, und die lustverseuchten Dirnen aus den Schenken und jungen Eheweiber die, heiter ihren Schändern sich gebend, umbfingen, umbfingen.
Die Bilder, die er angerufen hatte, befriedigten ihn nicht. Sie waren heimlich und brünstig, doch *ihr* Bild war nicht in sie gewirkt. Das war nicht die Art, an sie zu denken. Es war nicht einmal die Art, in der er an sie dachte. Konnte sich sein Geist dann also nicht auf sich verlassen? Alte Sätze, süß nur von exhumierter Süße, wie die Feigenkörner, die Cranly aus seinen strahlenden Zähnen grub.

Der erste Absatz verändert nur ein wenig den gleichen Absatz aus *Giacomo Joyce*; der zweite verwirft den ersten, wie es auch spätere Sätze tun. Giacomo leistet keine so explizite Entkräftung; er braucht sein Vokabular nicht zu diskutieren, er wechselt es lediglich in dem Maße, wie die Stimmungen wechseln. Im *Ulysses* folgt Joyce eher Giacomos Methode als der Stephens. Das Aufeinanderprallen von Diktionen, wie feindliche Anstürme, wird in der Tat zu dem Kunstgriff, der, in Joyces späterem Werk, die elaborierten und leicht preziösen Verflechtungen farbiger Wörter ersetzt. Auf dieselbe Weise hilft die erratische, gewundene Selbstbeobachtung des *Giacomo Joyce*, das *Portrait* aus der Erzählung in der dritten Person zu Stephens Tagebuch in der ersten Person am Ende des Buches hinzulenken, und bereitet auf die inneren Monologe Blooms und Stephens vor.

Als Joyce zum *Ulysses* kam, nahm er Sätze aus *Giacomo Joyce* und machte aus ihnen ganze Absätze oder längere Einheiten. Manches rutschte leicht von einem Werk ins andere: der Morgen in Triest wurde zum Morgen in Paris, den Stephen boshafter sah als Giacomo sein Korrelat. Das Bild im Zwielicht von Mutter und Tochter, als der Stute mit ihrem Fohlenfüllen, wird ganz und gar und wundervoll equestrisch für die Episode der *Oxen of the Sun* (Kapitel 14). Die Konfrontation des Iren mit dem Juden ist primär eine Sache männlicher Freundschaft, nicht mehr heterosexueller Liebelei, und statt mit Giacomo über den Altersprozeß zu wehklagen, weist Joyce die mittleren Jahre Bloom zu und Stephen die Jugend. Einige Szenen – das Klassenzimmer, der Friedhof, die Bordelle in Padua – werden von der Adria an die Liffey verpflanzt; eine Kutschfahrt der Familie der Schülerin durch einen überfüllten Markt wird zur vizeköniglichen Kavalkade erhoben; ein Blinder hört auf zu betteln und stimmt statt dessen Klaviere. Oliver St. John Gogarty, der ewige Antagonist, der Giacomo in Triest eine kurze Traumvisite abstattet, taucht in Dublin als Mulligan wieder auf. Die ruckartige Weise, mit der Giacomos Leidenschaft sich steigert, ist den diskontinuierlichen Episoden und Perspektiven im *Ulysses* verwandt. Auch bewegen sich beide Bücher auf circische Bilder des Unbewußten zu, wo die Polarität von ungebührlichem Benehmen und Zerknirschtheit eine von satanischer Metaphorik markierte phantasmagorische Klimax erreicht.

In einem viel späteren Stadium der Arbeit am *Ulysses*, Ende 1918, sprach Joyce in Zürich auf der Straße eine brünette Dame an und gab seinem Erstaunen darüber Ausdruck, daß sie einem Mädchen, das er in Dublin gesehen hätte, so ähnlich sähe. In seiner anschließenden Korrespondenz mit dieser Marthe Fleischmann legte er der Möglichkeit, sie könne Jüdin sein, außerordentliche Bedeutung bei. Offensichtlich hielt er nach einer neuen und zwangsläufig schweizerischen Verkörperung jener jüdisch-keltischen Mischung Ausschau, die er in Triest geliebt hatte. Marthe Fleischmann wurde ihrerseits zu einem Modell für Gerty MacDowell in der *Nausicaa*-Episode (Kapitel 13), die den Besitz *par distance* parodiert, von dem Giacomo in Triest schwadroniert und Stephen in Dublin sinniert hatten. Auf einer schäbigen Herrenreiterebene probiert Bloom ebenfalls die psychische Verführung der Martha Clifford, indem er Briefe an sie schreibt und somit ironisch Joyces eigene Verwendung eines literarischen Mediums, um ein ähnliches okkultes Ziel zu erreichen, nachahmt.

Bei einem Gutteil dessen, was Joyce schrieb, zeigt sich, daß es, mindestens *sotto voce*, auf die Romanze des nicht mehr jungen Mannes anspielt. Doch gleichzeitig erfüllt er *Giacomo Joyce* mit unabhängigem Leben, und das Werk stellt sich jetzt unter den ihm eigenen Bedingungen als eine große künstlerische Leistung dar. Bei Lesern, die von Joyce an große formale Strukturen gewöhnt sind, dürfen Umfang und Informalität dieses zartesten Romans vielleicht auf besondere Gunst hoffen. Als Joyce, nicht lang vor seinem Tod, sagte, er würde gern etwas sehr Einfaches und sehr Kurzes schreiben, dachte er vielleicht daran, wie er die kleine, fragile, transitorische Vollkommenheit seiner Triestiner Schülerin zur kleinen, fragilen, fortdauernden Vollkommenheit des *Giacomo Joyce* verdichtet hatte.

Der Text des Notizbuchs
Zweisprachig

Who? A pale face surrounded by heavy odorous furs. Her movements are shy and nervous. She uses quizzing-glasses.
Yes: a brief syllable. A brief laugh. A brief beat of the eyelids.

Cobweb handwriting, traced long and fine with quiet disdain and resignation: a young person of quality.

I launch forth on an easy wave of tepid speech: Swedenborg, the pseudo-Areopagite, Miguel de Molinos, Joachim Abbas. The wave ist spent. Her classmate, retwisting her twisted body, purrs in boneless Viennese Italian: *Che coltura!* The long eyelids beat and lift: a burning needleprick stings and quivers in the velvet iris.

High heels clack hollow on the resonant stone stairs. Wintry air in the castle, gibbeted coats of mail, rude iron sconces over the windings of the winding turret stairs. Tapping clacking heels, a high and hollow noise. There is one below would speak with your ladyship.

Wer? Ein blasses Gesicht inmitten schwerer duftender Pelze. Ihre Bewegungen sind scheu und nervös. Sie benutzt ein Lorgnon.
Ja: eine kurze Silbe. Ein kurzes Lachen. Ein kurzer Schlag der Augenlider.

Spinnweb-Handschrift, lang und zart mit stiller Verachtung und Resignation gezogen: eine junge Person aus gutem Haus.

Ich segle los auf einer sanften Woge lauer Rede: Swedenborg, der Pseudo-Areopagite, Miguel de Molinos, Joachim Abbas. Die Woge ist verrauscht. Ihre Klassenkameradin dreht ihren schon verdrehten Körper neuerlich und schnurrt in marklosem Wiener Italienisch: *Che coltura!* Die langen Augenlider schlagen und ziehn sich hoch: ein brennender Nadelstich beißt und zuckt in der samtigen Iris.

Hohe Hacken klappern hohl auf den widerhallenden Steinstiegen. Winterliche Luft im Schloß, baumelnde Harnische, ungeschlachte Eisenleuchter über den Wendungen der Wendelturmstiegen. Pochende klappernde Hacken, ein hohes und hohles Geräusch. 's ist jemand drunten möchte mit der Gnädigen sprechen.

She never blows her nose. A form of speech: the lesser for the greater.

Rounded and ripened: rounded by the lathe of intermarriage and ripened in the forcing-house of the seclusion of her race.

A ricefield near Vercelli under creamy summer haze. The wings of her drooping hat shadow her false smile. Shadows streak her falsely smiling face, smitten by the hot creamy light, grey wheyhued shadows under the jawbones, streaks of eggyolk yellow on the moistened brow, rancid yellow humour lurking within the softened pulp of the eyes.

Sie putzt sich nie die Nase. Eine Redensart: das Kleinere fürs Größere.

Gerundet und gereift: gerundet durch die Töpferscheibe der Wechselheirat und gereift im Treibhaus der Absonderung ihrer Rasse.

Ein Reisfeld bei Vercelli unter cremigem Sommerdunst. Die Ränder ihres flügellahmen Huts beschatten ihr falsches Lächeln. Schatten streifen ihr falsch lächelndes Gesicht, geschlagen vom heißen cremigen Licht, graue molkefarbne Schatten unter den Backenknochen, Streifen von Eidottergelb auf der feucht gewordnen Stirn, ranziger gelber Saft, der im geweichten Fleischbrei der Augen lauert.

A flower given by her to my daughter. Frail gift, frail giver, frail blue-veined child.

Padua far beyond the sea. The silent middle age, night, darkness of history sleep in the *Piazza delle Erbe* under the moon. The city sleeps. Under the arches in the dark streets near the river the whores' eyes spy out for fornicators. *Cinque servizi per cinque franchi.* A dark wave of sense, again and again and again.

Mine eyes fail in darkness, mine eyes fail,
Mine eyes fail in darkness, love.

Again. No more. Dark love, dark longing. No more. Darkness.

Twilight. Crossing the *piazza.* Grey eve lowering on wide sagegreen pasturelands, shedding silently dusk and dew. She follows her mother with ungainly grace, the mare leading her filly foal. Grey twilight moulds softly the slim and shapely haunches, the meek supple tendonous neck, the fine-boned skull. Eve, peace, the dusk of wonder ..... Hillo! Ostler! Hilloho!

Eine Blume, die sie meiner Tochter gab. Zerbrechliche Gabe, zerbrechliche Geberin, zerbrechliches blauädriges Kind.

Padua weit hinterm Meer. Das lautlose mittlere Alter, Nacht, Dunkel der Geschichte, die schlafen in der *Piazza delle Erbe* unter dem Mond. Die Stadt schläft. Unter den Bögen in den dunklen Straßen beim Fluß spähen die Augen der Dirnen nach Hurern aus. *Cinque servizi per cinque franchi.* Eine dunkle Woge Sinn, wieder und wieder und wieder.

Meine Augen verzehrn sich im Dunkel, meine
Augen verzehrn sich,
Meine Augen verzehrn sich im Dunkel, mein Lieb.

Wieder. Nicht mehr. Dunkle Liebe, dunkles Sehnen. Nicht mehr. Dunkel.

Zwielicht. Über die *piazza* hin. Grauer Abend, der sich auf weites salbei-grünes Weideland senkt, lautlos Dämmerung und Tau verteilt. Sie folgt ihrer Mutter mit linkischer Anmut, die Stute die ihr Fohlenfüllen führt. Graues Zwielicht prägt sanft die schmalen und wohlgeformten Lenden, den sanftmütig-sehnig-geschmeidigen Hals, den zartknochigen Schädel. Eva, Abend, Friede, die Dämmerung des Wunders .... Holla! Stallbursch! Hollaho!

Papa and the girls sliding downhill, astride of a toboggan: the Grand Turk and his harem. Tightly capped and jacketted, boots laced in deft crisscross over the flesh-warmed tongue, the short skirt taut from the round knobs of the knees. A white flash: a flake, a snowflake:

And when she next doth ride abroad
May I be there to see!

I rush out of the tobacco-shop and call her name. She turns and halts to hear my jumbled words of lessons, hours, lessons, hours: and slowly her pale cheeks are flushed with a kindling opal light. Nay, nay, be not afraid!

Papa und die Mädchen rodeln bergab, rittlings auf einem Toboggan: der Großtürke und sein Harem. Knapp sitzend: Mütze und Jackett, die Stiefel in flinken Kreuzen über der fleischwarmen Lasche geschnürt, der kurze Rock straff von den runden Beulen der Knie. Ein weißer Blitz: eine Flocke, eine Schneeflocke:

Und reitet sie von neuem aus,
Dann wünscht' ich, ich könnt's sehn!

Ich stürze aus dem Tabakladen und rufe ihren Namen. Sie dreht sich um und bleibt stehen, um meine verwirrten Worte von Schule, Stunden, Schule, Stunden zu hören: und langsam röten sich ihre bleichen Wangen mit flackerndem opalem Licht. Nein, nein, hab keine Furcht!

Mio padre: she does the simplest acts with distinction. *Unde derivatur? Mia figlia ha una grandissima ammirazione per il suo maestro inglese.* The old man's face, handsome, flushed, with strongly Jewish features and long white whiskers, turns towards me as we walk down the hill together. O! Perfectly said: courtesy, benevolence, curiosity, trust, suspicion, naturalness, helplessness of age, confidence, frankness, urbanity, sincerity, warning, pathos, compassion: a perfect blend. Ignatius Loyola, make haste to help me!

This heart is sore and sad. Crossed in love?

Long lewdly leering lips: dark-blooded molluscs

Mio padre: sie tut die einfachsten Dinge mit Distinguiertheit. *Unde derivatur? Mia figlia ha una grandissima ammirazione per il suo maestro inglese.* Das Gesicht des alten Mannes, schön, gerötet, mit ausgeprägt jüdischen Zügen und langem weißem Backenbart, wendet sich mir zu, wie wir gemeinsam den Berg hinabgehn. O! Vollkommen ausgedrückt: Artigkeit, Mildtätigkeit, Neugier, Vertrauen, Argwohn, Natürlichkeit, altersbedingte Hilflosigkeit, Zuversicht, Offenheit, Lebensart, Lauterkeit, Warnung, Ergriffenheit, Mitgefühl: eine vollkommene Mischung. Eile, Ignatius von Loyola, mir zu helfen!

Dies Herz ist wund und weh. Aus Liebesgründen verstimmt?

Lange lüstern lauernde Lippen: dunkelblütige Mollusken

Moving mists on the hill as I look upward from night and mud. Hanging mists over the damp trees. A light in the upper room. She is dressing to go to the play. There are ghosts in the mirror ..... Candles! Candles!

A gentle creature. At midnight, after music, all the way up the via San Michele, these words were spoken softly. Easy now, Jamesy! Did you never walk the streets of Dublin at night sobbing another name?

Corpses of Jews lie about me rotting in the mould of their holy field. Here is the tomb of her people, black stone, silence without hope ..... Pimply Meissel brought me here. He is beyond those trees standing with covered head at the grave of his suicide wife, wondering how the woman who slept in his bed has come to this end ..... The tomp of her people and hers: black stone, silence without hope: and all is ready. Do not die!

Ziehende Nebel auf dem Berg wie ich hochblicke aus Nacht und Morast. Hängende Nebel über den klammen Bäumen. Ein Licht im oberen Zimmer. Sie zieht sich fürs Theater an. Es sind Gespenster, da, im Spiegel ..... Kerzen! Kerzen!

Ein sanftes Wesen. Um Mitternacht, nach der Musik, den ganzen Weg die via San Michele hoch, hat einer leise diese Worte gesagt. Ruhig Blut, Jamesy! Bist du denn nie die Straßen Dublins in der Nacht gegangen und seufztest einen andern Namen?

Judenleichen liegen um mich her, verrotten im Moder ihres heiligen Ackers. Hier ist die Gruft ihrer Familie, schwarzer Stein, Schweigen ohne Hoffnung ..... Der pickelige Meissel hat mich mitgenommen. Er steht hinter den Bäumen da mit bedecktem Haupt am Grab seiner Frau, die sich umgebracht hat, und rätselt, wie die Frau, die in seinem Bette schlief, zu diesem Schluß gekommen ist ..... Die Gruft ihrer Familie und die ihrige: schwarzer Stein, Schweigen ohne Hoffnung: und alles ist bereit. Stirb nicht!

She raises her arms in an effort to hook at the nape of her neck a gown of black veiling. She cannot: no, she cannot. She moves backwards towards me mutely. I raise my arms to help her: her arms fall. I hold the websoft edges of her gown and drawing them out to hook them I see through the opening of the black veil her lithe body sheathed in an orange shift. It slips its ribbons of moorings at her shoulders and falls slowly: a lithe smooth naked body shimmering with silvery scales. It slips slowly over the slender buttocks of smooth polished silver and over their furrow, a tarnished silver shadow .... Fingers, cold and calm and moving ..... A touch, a touch.

Small witless helpless and thin breath. But bend and hear: a voice. A sparrow under the wheels of Juggernaut, shaking shaker of the earth. Please, mister God, big mister God! Goodbye, big world! ....
Aber das ist eine Schweinerei!

Sie hebt ihre Arme in dem Versuch hinten im Genick ein Gewand aus schwarzem Schleier einzuhaken. Sie kann's nicht: nein, sie kann's nicht. Sie kommt rückwärts auf mich zu, stumm. Ich hebe meine Arme, ihr zu helfen: ihre Arme sinken. Ich halte die sanftgewirkten Enden ihres Gewands und wie ich sie vorziehe um sie einzuhaken seh ich durch die Öffnung des schwarzen Schleiers ihren geschmeidigen Leib in eine orange Chemise gehüllt. Die läßt ihre Bändervertäuungen an den Schultern abgleiten und fällt langsam: ein geschmeidiger glatter nackter Leib an dem silbrige Schuppen schimmern. Sie gleitet langsam über die schmalen Backen von glattem blankem Silber und über deren Furche, ein getrübter Silberschatten .... Finger, kalt und ruhig und rührend .... Berühren, berühren.

Klein geistlos hilflos und dünner Atem. Doch neig dich und hör: eine Stimme. Ein Sperling unter den Rädern des Dschagannath, schütterer Welterschütterer. Bitte, lieber Gott, großer lieber Gott! Lebwohl, große Welt! .... *Aber das ist eine Schweinerei!*

Great bows on her slim bronze shoes: spurs of a pampered fowl.

The lady goes apace, apace, apace ..... Pure air on the upland road. Trieste is waking rawly: raw sunlight over its huddled browntiled roofs, testudoform; a multitude of prostrate bugs await a national deliverance. Belluomo rises from the bed of his wife's lover's wife: the busy housewife is astir, sloe-eyed, a saucer of acetic acid in her hand ..... Pure air and silence on the upland road: and hoofs. A girl on horseback. Hedda! Hedda Gabler!

The sellers offer on their altars the first fruits: green-flecked lemons, jewelled cherries, shameful peaches with torn leaves. The carriage passes through the lane of canvas stalls, its wheel-spokes spinning in the glare. Make way! Her father and his son sit in the carriage. They have owls' eyes and owls' wisdom. Owlish wisdom stares from their eyes brooding upon the lore of their *Summa contra Gentiles.*

Große Schnallen auf ihren schmalen bronzenen Schuhen: Sporen eines verhätschelten Federviehs.

Die Dame reitet trab, trab, trab ..... Reine Luft auf der Hochlandstraße. Triest wacht derb auf: derbes Sonnenlicht auf seinen enggedrängten braungeziegelten Dächern, schildkrötenförmig; ein Haufe darniederliegender Wanzen erwartet eine nationale Befreiung. Belluomo entsteigt dem Bett der Frau des Geliebten seiner Frau: die geschäftige Hausfrau ist auf den Beinen, schwarzdornäugig, eine Untertasse Essigsäure in der Hand ..... Reine Luft und Stille auf der Hochlandstraße: und Hufe. Ein Mädchen zu Pferd. Hedda! Hedda Gabler!

Die Händler bieten auf ihren Altären die ersten Früchte feil: grünfleckige Zitronen, edelsteinerne Kirschen, anrüchige Pfirsiche mit eingerissenen Blättern. Das Gefährt kommt durch die Gasse aus Zeltplanständen, seine Radspeichen drehn sich dabei im Glast. Platz da! Ihr Vater und sein Sohn sitzen in dem Gefährt. Sie haben Eulenaugen und Eulenweisheit. Eulenhafte Weisheit späht aus ihren Augen, die über der Lehre ihrer *Summa contra Gentiles* brüten.

She thinks the Italian gentlemen were right to haul Ettore Albini, the critic of the *Secolo,* from the stalls because he did not stand up when the band played the Royal March. She heard that at supper. Ay. They love their country when they are quite sure which country it is.

She listens: virgin most prudent.

A skirt caught back by her sudden moving knee; a white lace edging of an underskirt lifted unduly; a leg-stretched web of stocking. *Si pol?*

I play lightly, softly singing, John Dowland's languid song. *Loth to depart:* I too am loth to go. That age is here and now. Here, opening from the darkness of desire, are eyes that dim the breaking East, their shimmer the shimmer of the scum that mantles the cesspool of the court of slobbering James. Here are wines all ambered, dying fallings of sweet airs, the proud pavan, kind gentlewomen wooing from their balconies with sucking mouths, the pox-fouled wenches and young wives that, gaily yielding to their ravishers, clip and clip again.

Sie denkt die Herren Italiener hatten recht Ettore Albini, den Kritiker des *Secolo*, aus dem Parkett zu zerren weil er nicht aufstand als die Musik den Königsmarsch spielte. Sie hörte das beim Abendessen. Ja doch. Sie lieben ihr Land wenn sie ganz sicher sind welches Land das ist.

Sie hört zu: du weiseste Jungfrau.

Ein Rock, zurückgerafft durch ihr plötzlich sich bewegendes Knie; ein weißer Spitzenbesatz eines Unterrocks, unziemlich gehoben; ein beinlang gespanntes Strumpfgeweb. *Si pol?*

Leichthin spiel ich, singe leise dazu, John Dowlands schmachtendes Lied. *Loth to depart:* auch ich bin unwillens zu gehn. *Die* Zeit ist hier und jetzt. Hier, aus dem Dunkel des Verlangens sich öffnend, sind Augen die den anbrechenden Morgen trüben, ihr Schimmern das Schimmern des Abschaums das den Jauchepfuhl am Hofe des sabbernden James überkrustet. Hier sind Weine ganz in Ambra, ersterbende Kadenzen süßer Airs, die stolze Pavane, freundliche Edelfrauen buhlen von ihren Balkonen mit saugenden Mündern, die lustverseuchten Dirnen und jungen Eheweiber die, heiter ihren Schändern sich gebend, umbfangen umbfangen.

In the raw veiled spring morning faint odours float of morning Paris: aniseed, damp sawdust, hot dough of bread: and as I cross the Pont Saint Michel the steelblue waking waters chill my heart. They creep and lap about the island whereon men have lived since the stone age..... Tawny gloom in the vast gargoyled church. It ist cold as on that morning: *quia frigus erat.* Upon the steps of the far high altar, naked as the body of the Lord, the ministers lie prostrate in weak prayer. The voice of an unseen reader rises, intoning the lesson from Hosea. *Haec dicit Dominus: in tribulatione sua mane consurgent ad me. Venite et revertamur ad Dominum*..... She stands beside me, pale and chill, clothed with the shadows of the sindark nave, her thin elbow at my arm. Her flesh recalls the thrill of that raw mist-veiled morning, hurrying torches, cruel eyes. Her soul is sorrowful, trembles and would weep. Weep not for me, O daughter of Jerusalem!

I expound Shakespeare to docile Trieste: Hamlet, quoth I, who is most courteous to gentle and simple is rude only to Polonius. Perhaps, an embittered idealist, he can see in the parents of his beloved only grotesque attempts on the part of nature to produce her image........... Marked you that?

Im derben verschleierten Frühlingsmorgen treiben schwache Düfte des morgendlichen Paris: Anisett, klammes Sägmehl, heißer Brotteig: und wie ich über den Pont Saint Michel gehe lassen die stahlblauen wachen Wasser das Herz mir gefrieren. Sie kribbeln und glucksen um die Insel auf der seit der Steinzeit Menschen wohnen ..... Lohfarbnes Duster in der weiten wasserspeiergesäumten Kirche. Es ist kalt wie an jenem Morgen: *quia frigus erat.* Auf den Stufen des fernen Hochaltars, nackt wie der Leib des Herrn, liegen die Geistlichen darnieder in schwachem Gebet. Die Stimme eines unsichtbaren Vorlesers erhebt sich, intoniert die Lesung aus Hosea. *Haec dicit Dominus: in tribulatione sua mane consurgent ad me. Venite et revertamur ad Dominum* ..... Sie steht neben mir, bleich und frierend, in die Schatten des sündedunkeln Schiffs gehüllt, ihr dünner Ellbogen an meinem Arm. Ihr Fleisch erinnert das Erbeben jenes derben nebel-verschleierten Morgens, hastende Fakkeln, grausame Augen. Ihre Seele ist kummervoll, zittert und möcht weinen. Weine nicht über mich, du Tochter Jerusalems!

Ich expliziere Shakespeare dem gelehrigen Triest: Hamlet, sprach ich, der durchaus artig zu den Sanften und Einfältigen ist, ist grob nur zu Polonius. Vielleicht kann er, der verbitterte Idealist, in den Eltern seiner Geliebten nur groteske Versuche seitens der Natur sehen, ihr Bild zu erzeugen ....
Merktet Ihr das?

She walks before me along the corridor and as she walks a dark coil of her hair slowly uncoils and falls. Slowly uncoiling, falling hair. She does not know and walks before me, simple and proud. So did she walk by Dante in simple pride and so, stainless of blood and violation, the daughter of Cenci, Beatrice, to her death:

........Tie
My girdle for me and bind up this hair
In any simple knot.

The housemaid tells me that they had to take her away at once to the hospital, *poveretta*, that she suffered so much, so much, *poveretta*, that it is very grave...... I walk away from her empty house. I feel that I am about to cry. Ah, no! It will not be like that, in a moment, without a word, without a look. No, no! Surely hell's luck will not fail me!

Operated. The surgeon's knife has probed in her entrails and withdrawn, leaving the raw jagged gash of its passage on her belly. I see her full dark suffering eyes, beautiful as the eyes of an antelope. O cruel wound! Libidinous God!

Once more in her chair by the window, happy words on her tongue, happy laughter. A bird twittering

Sie geht vor mir den Gang entlang und wie sie geht rollt sich langsam eine Rolle ihres dunklen Haares auf und fällt. Rollt langsam sich auf, und fällt, das Haar. Sie weiß es nicht und geht vor mir, schlicht und stolz. So ging sie an Dante vorüber in schlichtem Stolz und so, von Blut und Schändung nicht befleckt, die Tochter Cencis, Beatrice, zu ihrem Tod:

.... Binde
Den Gürtel mir und steck das Haar mir hoch
Zu einem schlichten Knoten.

Das Hausmädchen sagt mir, daß sie sie sofort ins Spital schaffen mußten, *poveretta*, daß sie soviel leiden mußte, soviel, *poveretta*, daß es sehr ernst ist ..... Ich entferne mich von ihrem Haus. Ich spüre daß mir die Tränen kommen wollen. Ah, nein! So wird es doch nicht sein, in einem Augenblick, ohne ein Wort, ohne einen Blick. Nein, nein! Das Glück der Hölle wird mich gewißlich nicht verlassen!

Operiert. Das Messer des Chirurgen hat in ihren Eingeweiden sondiert und sich wieder eingezogen, die derben klaffenden Zacken seines Wegs ließ es auf ihrem Bauch zurück. Ich seh ihre vollen dunkeln leidenden Augen, schön wie die Augen einer Antilope. O grausame Wunde! Lüsterner Gott!

Und wieder auf ihrem Stuhl beim Fenster, selige Worte auf ihrer Zunge, seliges Lachen. Ein Vogel, after storm, happy that its little foolish life has fluttered out of reach of the clutching fingers of an epileptic lord and giver of life, twittering happily, twittering and chirping happily.

der zwitschert nach dem Sturm, selig daß sein kleines närrisches Leben den haschenden Fingern eines epileptischen Herrn und Lebensspenders außer Reichweite geflattert ist, zwitschert selig, zwitschert und pfeift selig.

She says that, had *The Portrait of the Artist* been frank only for frankness' sake, she would have asked why I had given it to her to read. O you would, would you? A lady of letters.

She stands black-robed at the telephone. Little timid laughs, little cries, timid runs of speech suddenly broken... *Parlerò colla mamma*... Come! chook, chook! come! The black pullet is frightened: little runs suddenly broken, little timid cries: it is crying for its mamma, the portly hen.

Loggione. The sodden walls ooze a steamy damp. A symphony of smells fuses the mass of huddled human forms: sour reek of armpits, nozzled oranges, melting breast ointments, mastick water, the breath of suppers of sulphurous garlic, foul phosphorescent farts, opoponax, the frank sweat of marriageable and married womankind, the soapy stink of men..... All night I have watched her, all night I shall see her: braided and pinnacled hair and olive oval face and calm soft eyes. A green fillet upon her hair and about her body a green-broidered gown: the hue of the illusion of the vegetable glass of nature and of lush grass, the hair of graves.

Sie sagt daß, wäre *Das Porträt des Künstlers* freizügig nur um der Freizügigkeit willen gewesen, sie gefragt haben würde, warum ich es ihr zu lesen gegeben hätte. O das würden Sie, würden Sie, ja? Eine *dame de lettres.*

Sie steht schwarz-gewandet am Telephon. Kleine zaghafte Lacher, kleine Schreie, zaghaftes Redegehusch, plötzlich abgebrochen .... *Parlerò colla mamma* .... Komm! Tschuk, tschuk! komm! Das schwarze Küken ist verschreckt: kleines Gehusch, plötzlich abgebrochen, kleine zaghafte Schreie: es schreit nach seiner Mamma, der stattlichen Henne.

Loggione. Die feuchten Wände dünsten einen klammen Dampf aus. Eine Geruchssymphonie verschmilzt die Ansammlung zusammengekauerter menschlicher Gestalten: saurer Dunst aus Achselhöhlen, geschrumpelte Pomeranzen, schmelzende Brustöle, Mastixwasser, der Atem von Abendmahlzeiten mit schwefeligem Knoblauch, faule phosphoreszierende Fürze, Opoponax, der franke Schweiß der heiratsfähigen und verheirateten Weiblichkeit, der seifige Gestank der Männer ...... Die ganze Nacht hab ich sie beobachtet, die ganze Nacht werd ich sie sehn: geflochtenes und spitzgetürmtes Haar und oliv-ovales Gesicht und ruhig-sanfte Augen. Ein grünes Stirnband auf ihrem Haar und um ihren Leib ein grün-besticktes Gewand: die Tönung der Illusion des vegetabilischen Glases der Natur und saftigen Grases, das Haar von Gräbern.

My words in her mind: cold polished stones sinking through a quagmire.

Those quiet cold fingers have touched the pages, foul and fair, on which my shame shall glow for ever. Quiet and cold and pure fingers. Have they never erred?

Her body has no smell: an odourless flower.

On the stairs. A cold frail hand: shyness, silence: dark langour-flooded eyes: weariness.

Meine Worte in ihrem Kopf: kalte blanke Steine, die in einem Sumpf versinken.

Diese ruhigen kalten Finger haben die Seiten, wüst und schön, auf denen meine Schande ewig glühen soll, berührt. Ruhige und kalte und reine Finger. Sind sie nie vom Wege abgeirrt?

Ihr Körper hat keinen Geruch: eine duftlose Blume.

Auf den Stiegen. Eine kalte zerbrechliche Hand: Schüchternheit, Schweigen: dunkle sehnsuchtstrunkene Augen: Müdigkeit.

Whirling wreaths of grey vapour upon the heath. Her face, how grey and grave! Dank matted hair. Her lips press softly, her sighing breath comes through. Kissed.

My voice, dying in the echoes of its words, dies like the wisdom-wearied voice of the Eternal calling on Abraham through echoing hills. She leans back against the pillowed wall: odalisque-featured in the luxurious obscurity. Her eyes have drunk my thoughts: and into the moist warm yielding welcoming darkness of her womanhood my soul, itself dissolving, has streamed and poured and flooded a liquid and abundant seed...... Take her now who will!....

Wirbelnde Ringe aus grauem Dunst auf der Heide. Ihr Gesicht, wie grau und grabesernst! Durchnäßtes strubbeliges Haar. Ihre Lippen pressen sanft, ihr seufzender Atem dringt hindurch. Geküßt.

Meine Stimme, im Nachhall ihrer Worte ersterbend, erstirbt wie die weisheitsmüde Stimme des Ewigen die Abraham anruft durch nachhallende Berge. Sie lehnt sich gegen die gepolsterte Wand zurück: odaliskengesichtig in der schwelgerischen Düsternis. Ihre Augen haben meine Gedanken eingetrunken: und in das feuchte warme sich gebende willkommenheißende Dunkel ihrer Weiblichkeit hat meine Seele, selber zerfließend, einen liquiden und üppigen Samen geströmt und gegossen und geflutet ...... Jetzt nehme sie wer will! ....

As I come out of Ralli's house I come upon her suddenly as we both are giving alms to a blind beggar. She answers my sudden greeting by turning and averting her black basilisk eyes. *E col suo vedere attosca l'uomo quando lo vede.* I thank you for the word, messer Brunetto.

The spread under my feet carpets for the son of man. They await my passing. She stands in the yellow shadow of the hall, a plaid cloak shielding from chills her sinking shoulders: and as I halt in wonder and look about me she greets me wintrily and passes up the staircase darting at me for an instant out of her sluggish sidelong eyes a jet of liquorish venom.

A soft crumpled peagreen cover drapes the lounge. A narrow Parisian room. The hairdresser lay here but now. I kissed her stocking and the hem of her rustblack dusty skirt. It is the other. She. Gogarty came yesterday to be introduced. *Ulysses* is the reason. Symbol of the intellectual conscience.... Ireland then? And the husband? Pacing the corridor in list shoes or playing chess against himself? Why are we left here? The hairdresser lay here but now, clutching my head between her knobby knees.... Intellectual symbol of my race. Listen! The plunging gloom has fallen. Listen!

Wie ich aus Rallis Haus trete stoße ich jählings auf sie wie wir beide einem blinden Bettler Almosen geben. Sie beantwortet meinen jähen Gruß indem sie sich umdreht und ihre schwarzen Basiliskenaugen abwendet. *E col suo vedere attosca l'uomo quando lo vede.* Ich dank Euch für das Wort, Messer Brunetto.

Man breitet unter meinen Füßen Teppiche aus für des Menschen Sohn. Man wartet daß ich weitergehe. Sie steht im gelben Schatten des Hausflurs, ein Plaidüberwurf schützt ihre hängenden Schultern vorm Frieren: und wie ich staunend stehenbleibe und um mich schaue grüßt sie mich frostig und gleitet die Stiegen hoch, wobei sie sekundenschnell aus ihren trägen schrägen Augen einen Strahl schnapsigen Gifts auf mich abschießt.

Eine weiche zerknitterte erbsgrüne Decke drapiert die Chaiselongue. Ein enges Pariser Zimmer. Hier lag noch eben die Friseuse. Ich küßte ihren Strumpf und den Saum ihres rostschwarzen staubigen Rocks. Es ist die andre. Sie. Gogarty kam gestern um bekannt gemacht zu werden. *Ulysses* ist der Grund. Symbol des intellektuellen Gewissens.... Irland also? Und der Gatte? Durchmißt den Korridor in Stoffschuhen oder spielt Schach gegen sich selbst. Warum sind wir hier allein gelassen? Hier lag noch eben die Friseuse, klemmte meinen Kopf zwischen ihre beuligen Knie.... Intellektuelles Symbol meiner Rasse. Hör zu! Die versinkende Schwermut ist abgefallen. Hör zu!

– I am not convinced that such activities of the mind or body can be called unhealthy –

She speaks. A weak voice from beyond the cold stars. Voice of wisdom. Say on! O, say again, making me wise! This voice I never heard.

She coils towards me along the crumpled lounge. I cannot move or speak. Coiling approach of starborn flesh. Adultery of wisdom. No. I will go. I will.

– Jim, love! –

Soft sucking lips kiss my left armpit: a coiling kiss on myriad veins. I burn! I crumple like a burning leaf! From my right armpit a fang of flame leaps out. A starry snake has kissed me: a cold nightsnake. I am lost!

– Nora! –

– Ich bin nicht überzeugt, daß man derartige Betätigungen des Geistes oder Körpers ungesund nennen kann –

Sie spricht. Eine schwache Stimme von jenseits der kalten Sterne. Stimme der Weisheit. Sage an! O, sag's noch einmal, machst mich weise! *Die* Stimme hört ich nie.

Sie ringelt sich mir zu auf der zerknitterten Chaiselongue. Ich kann mich nicht rühren noch sprechen. Ringelnde Näherung sterngeborenen Fleischs. Unkeuschheit der Weisheit. Nein. Ich will gehn. Ich will.

– Jim, Lieber! –

Sanfte saugende Lippen küssen meine linke Achselhöhle: ein ringelnder Kuß auf Myriaden Adern. Ich brenne! Ich schrumpele wie ein brennendes Blatt! Aus meiner rechten Achselhöhle schießt ein Flammenreißzahn. Eine gestirnte Schlange hat mich geküßt: eine kalte Nachtschlange. Ich bin verloren!

– Nora! –

Jan Pieters Sweelink. The quaint name of the old Dutch musician makes all beauty seem quaint and far. I hear his variations for the clavichord on an old air: *Youth has an end.* In the vague mist of old sounds a faint point of light appears: the speech of the soul is about to be heard. Youth has an end: the end is here. It will never be. You know that well. What then? Write it, damn you, write it! What else are you good for?

»Why?«
»Because otherwise I could not see you.«
Sliding – space – ages – foliage of stars – and waning heaven – stillness – and stillness deeper – stillness of annihilation – and her voice.

Non hunc sed Barabbam!

Unreadiness. A bare apartment. Torbid daylight. A long black piano: coffin of music. Poised on its edge a woman's hat, red-flowered, and umbrella, furled. Her arms: a casque, gules, and blunt spear on a field, sable.

Envoy: Love me, love my umbrella.

Jan Pieters Sweelink. Der wunderliche Name des alten holländischen Musikanten läßt alle Schönheit wunderlich und fern erscheinen. Ich höre seine Variationen für das Klavichord über ein altes Air: *Youth has an end.* Im vagen Nebel alter Töne taucht ein schwacher Lichtpunkt auf: die Rede der Seele läßt sich langsam vernehmen. Das junge Leben hat ein End: das Ende ist da. Es kann nie sein. Du weißt das wohl. Was also? Schreib's auf, verdammt, du, schreib's auf! Wozu taugst du denn sonst?

»Warum?«
»Weil – sonst könnte ich Sie nicht sehen.«
Gleiten – Raum – Äonen – Blattwerk der Sterne – und verblassender Himmel – Stille – und tiefere Stille – Stille der Auslöschung – und ihre Stimme.

Non hunc sed Barabbam!

Nochnichtsoweitsein. Eine kahle Wohnung. Schläfriges Tageslicht. Ein langes schwarzes Klavier: Musiksarg. Auf seinem Rand, balancierend, Hut, rotgeblümt, und Schirm, eingerollt, einer Frau. Ihr Wappen: ein Helm, kehlrot, und stumpfer Speer auf einem Feld, zobeln.

Envoy: Liebe mich, lieb meinen Schirm.

Faksimile des Notizbuches

! A pale face surrounded by heavy odorous furs. Her movements are shy
d nervous. She uses quizzing-glasses.
: a brief syllable. A brief laugh. A brief beat of the eyelids.

web handwriting, traced long and fine with quiet disdain
d resignation: a young person of quality.

launch forth on an easy wave of tepid speech: Swedenborg,
pseudo-Areopagite, Miguel de Molinos, Joachim Abbas.
e wave is spent. Her classmate, retwisting her twisted
dy, purrs in boneless Viennese Italian: <u>Che coltura</u>!
he long eyelids beat and lift: a burning needleprick
tings and quivers in the velvet iris.

igh heels clack hollow on the resonant stone stairs. Wintry
r in the castle, gibbeted coats of mail, rude iron sconces
ver the windings of the winding turret stairs. Tapping
lacking heels, a high and hollow noise. There is one
elow would speak with your ladyship.

She never blows her nose. A form of speech: the lesser f
the greater.

Rounded and ripened: rounded by the lathe of intermarriag
and ripened in the forcing-house of the seclusion of he
race.

A ricefield near Vercelli under creamy summer haze. The wings of her drooping hat shadow her false smile. Shadows streak her falsely smiling face, smitten by the hot creamy light, grey wheyhued shadows under the jawbones, streaks of eggyolk yellow on the moistened brow, rancid yellow humour lurking within the softened pulp of the eyes.

A flower given by her to my daughter. Frail gift, frail giver, frail blue-veined child.

Padua far beyond the sea. The silent middle age, night, darkness of history sleep in the *Piazza delle Erbe* under the moon. The city sleeps. Under the arches in the dark streets near the river the whores' eyes spy out for fornicators. *Cinque servizi per cinque franchi*. A dark wave of sense, again and again and again.

Mine eyes fail in darkness, mine eyes fail,
Mine eyes fail in darkness, love.

Again. No more. Dark love, dark longing. No more. Darkness.

Twilight. Crossing the *piazza*. Grey eve lowering on wide sagegreen pasturelands, shedding silently dusk and dew. She follows her mother with ungainly grace, the mare leading her filly foal. Grey twilight moulds softly the slim and shapely haunches, the meek supple tendonous neck, the fine-boned skull. Eve, peace, the dusk of wonder....... Hillo! Ostler! Hilloho!

Papa and the girls sliding downhill, astride of a toboggan: the Grand Turk and his harem. Tightly capped and jacketted, boots laced in deft crisscross over the flesh-warmed tongue, the short skirt taut from the round knobs of the knees. A white flash: a flake, a snowflake:

<u>And when she next doth ride abroad</u>
<u>May I be there to see!</u>

I rush out of the tobacco-shop and call her name. She turns and halts to hear my jumbled words of lessons, hours, lessons, hours: and slowly her pale cheeks are flushed with a kindling opal light. Nay, nay, be not afraid!

Mio padre: she does the simplest acts with distinction. Unde derivatur? Mia figlia ha una grandissima ammirazione per il suo maestro inglese. The old man's face, handsome, flushed, with strongly Jewish features and long white whiskers, turns towards me as we walk down the hill together. O! Perfectly said: courtesy, benevolence, curiosity, trust, suspicion, naturalness, helplessness of age, confidence, frankness, urbanity, sincerity, warning, pathos, compassion: a perfect blend. Ignatius Loyola, make haste to help me!

This heart is sore and sad. Crossed in love?

Long lewdly leering lips: dark-blooded molluscs

Moving mists on the hill as I look upward from night and mud. Hanging mists over the damp trees. A light in the upper room. She is dressing to go to the play. There are ghosts in the mirror .... Candles! Candles!

A gentle creature. At midnight, after music, all the way up the via San Michele, these words were spoken softly. Easy now, Jamesy! Did you never walk the streets of Dublin at night sobbing another name?

Corpses of Jews lie about me rotting in the mould of their holy field. Here is the tomb of her people, black stone, silence without hope .... Pimply Meissel brought me here. He is beyond those trees standing with covered head at the grave of his suicide wife wondering how the woman who slept in his bed has come to this end .... The tomb of her people and hers: black stone, silence without hope: and all is ready. Do not die!

She raises her arms in an effort to hook at the nape of her neck a gown of black veiling. She cannot: no, she cannot. She moves backwards towards me mutely. I raise my arms to help her: her arms fall. I hold the websoft edges of her gown and drawing them out to hook them I see through the opening of the black veil her lithe body sheathed in an orange shift. It slips its ribbons of moorings at her shoulders and falls slowly: a lithe smooth naked body shimmering with silvery scales. It slips slowly over the slender buttocks of smooth polished silver and over their furrow, a tarnished silver shadow.... Fingers, cold and calm and moving.... A touch, a touch.

Small witless helpless and thin breath. But bend and hear: a voice. A sparrow under the wheels of Juggernaut, shaking shaker of the earth. Please, mister God, big mister God! Goodbye, big world! ...... *Aber das ist eine Schweinerei*!

Great bows on her slim bronze shoes: spurs of a pampered fowl.

The lady goes apace, apace, apace.... Pure air on the upland road. Trieste is waking rawly: raw sunlight over its huddled browntiled roofs, testudoform; a multitude of prostrate bugs await a national deliverance. Belluomo rises from the bed of his wife's lover's wife: the busy housewife is astir, sloe-eyed, a saucer of acetic acid in her hand.... Pure air and silence on the upland road: and hoofs. A girl on horseback. Hedda! Hedda Gabler!

The sellers offer on their altars the first fruits: green-flecked lemons, jewelled cherries, shameful peaches with torn leaves. The carriage passes through the lane of canvas stalls, its wheel-spokes spinning in the glare. Make way! Her father and his son sit in the carriage. They have owls' eyes and owls' wisdom. Owlish wisdom stares from their eyes brooding upon the lore of their *Summa contra Gentiles*.

She thinks the Italian gentlemen were right to haul Ettore Albini, the critic of the *Secolo*, from the stalls because he did not stand up when the band played the Royal March. She heard that at supper. Ay. They love their country when they are quite sure which country it is.

She listens: virgin most prudent.

a skirt caught back by her sudden moving knee; a white lace edging of an underskirt lifted unduly; a leg-stretched web of stocking. *Si pol*?

I play lightly, softly singing, John Dowland's languid song. *Loth to depart*: I too am loth to go. That age is here and now. Here, opening from the darkness of desire, are eyes that dim the breaking East, their shimmer the shimmer of the scum that mantles the cesspool of the court of slobbering James. Here are wines all ambered, dying fallings of sweet airs, the proud pavan, kind gentlewomen wooing from their balconies with sucking mouths, the pox-fouled wenches and young wives that, gaily yielding to their ravishers, clip and clip again.

In the raw veiled spring morning faint odours float of morning Paris: aniseed, damp sawdust, hot dough of bread: and as I cross the Pont Saint Michel the steelblue waking waters chill my heart. They creep and lap about the island whereon men have lived since the stone age . . . . . Tawny gloom in the vast gargoyled church. It is cold as on that morning: *quia frigus erat*. Upon the steps of the far high altar, naked as the body of the Lord, the ministers lie prostrate in weak prayer. The voice of an unseen reader rises, intoning the lesson from Hosea. *Haec dicit Dominus: in tribulatione sua mane consurgent ad me. Venite et revertamur ad Dominum* . . . . She stands beside me, pale and chill, clothed with the shadows of the sindark nave, her thin elbow at my arm. Her flesh recalls the thrill of that raw mist-veiled morning, hurrying torches, cruel eyes. Her soul is sorrowful, trembles and would weep. Weep not for me, O daughter of Jerusalem!

I expound Shakespeare to docile Trieste: Hamlet, quoth I, who is most courteous to gentle and simple is rude only to Polonius. Perhaps, an embittered idealist, he can see in the parents of his beloved only grotesque attempts on the part of nature to produce her image . . . . Marked you that?

She walks before me along the corridor and as she walks a dark coil of her hair slowly uncoils and falls. Slowly uncoiling, falling hair! She does not know and walks before me, simple and proud. So did she walk by Dante in simple pride and so, stainless of blood and violation, the daughter of Cenci, Beatrice, to her death:

<u>.......Tie
My girdle for me and bind up this hair
In any simple knot.</u>

The housemaid tells me that they had to take her away at once to the hospital, <u>poveretta</u>, that she suffered so much, so much, <u>poveretta</u>, that it is very grave ..... I walk away from her empty house. I feel that I am about to cry. Ah, no! It will not be like that, in a moment, without a word, without a look. No, no! Surely hell's luck will not fail me!

Operated. The surgeon's knife has probed in her entrails and withdrawn, leaving the raw jagged gash of its passage on her belly. I see her full dark suffering eyes, beautiful as the eyes of an antelope. O cruel wound! Libidinous God!

Once more in her chair by the window, happy words on her tongue, happy laughter. A bird twittering after storm, happy that its little foolish life has fluttered out of reach of the clutching fingers of an epileptic lord and giver of life, twittering happily, twittering and chirping happily.

She says that, had *The Portrait of the Artist* been frank only for frankness' sake, she would have asked why I had given it to her to read. O you would, would you? A lady of letters.

•

She stands black-robed at the telephone. Little timid laughs, little cries, timid runs of speech suddenly broken.... *Parlero colla mamma*.... Come! chook, chook! come! The black pullet is frightened: little runs suddenly broken, little timid cries: it is crying for its mamma, the portly hen.

Loggione. The sodden walls ooze a steamy damp. A symphony of smells fuses the mass of huddled human forms: sour reek of armpits, nozzled oranges, melting breast ointments, mastick water, the breath of suppers of sulphurous garlic, foul phosphorescent farts, opoponax, the frank sweat of marriageable and married womankind, the soapy stink of men..... All night I have watched her, all night I shall see her: braided and pinnacled hair and olive oval face and calm soft eyes. A green fillet upon her hair and about her body a green-broidered gown: the hue of the illusion of the vegetable glass of nature and of lush grass, the hair of graves.

My words in her mind: cold polished stones, sinking through a quagmire.

Those quiet cold fingers have touched the pages, foul and fair, on which my shame shall glow for ever. Quiet and cold and pure fingers. Have they never erred?

Her body has no smell: an odourless flower.

On the stairs. A cold frail hand: shyness, silence: dark langour-flooded eyes: weariness.

Whirling wreaths of grey vapour upon the heath. Her face, how grey and grave! Dank matted hair. Her lips press softly, her sighing breath comes through. Kissed.

My voice, dying in the echoes of its words, dies like the wisdom-wearied voice of the Eternal calling on Abraham through echoing hills. She leans back against the pillowed wall: odalisque-featured in the luxurious obscurity. Her eyes have drunk my thoughts: and into the moist warm yielding welcoming darkness of her womanhood my soul, itself dissolving, has streamed and poured and flooded a liquid and abundant seed ..... Take her now who will!....

As I come out of Ralli's house I come upon her suddenly as we both are giving alms to a blind beggar. She answers my sudden greeting by turning and averting her black basilisk eyes. *E col suo vedere attosca l'uomo quando lo vede*. I thank you for the word, messer Brunetto.

They spread under my feet carpets for the son of man. They await my passing. She stands in the yellow shadow of the hall, a plaid cloak shielding from chills her sinking shoulders: and as I halt in wonder and look about me she greets me wintrily and passes up the staircase darting at me for an instant out of her sluggish sidelong eyes a jet of liquorish venom.

A soft crumpled peagreen cover drapes the lounge. A narrow Parisian room. The hairdresser lay here but now. I kissed her stocking and the hem of her rustblack dusty skirt. It is the other. She. Gogarty came yesterday to be introduced. *Ulysses* is the reason. Symbol of the intellectual conscience... Ireland then? And the husband? Pacing the corridor in list shoes or playing chess against himself. Why are we left here? The hairdresser lay here but now, clutching my head between her knobby knees... Intellectual symbol of my race. Listen! The plunging gloom has fallen. Listen!

— I am not convinced that such activities of the mind or body can be called unhealthy —

She speaks. A weak voice from beyond the cold stars. Voice of wisdom. Say on! O, say again, making me wise! This voice I never heard.

She coils towards me along the crumpled lounge. I cannot move or speak. Coiling approach of starborn flesh. Adultery of wisdom. No. I will go. I will.

— Jim, love! —

Soft sucking lips kiss my left armpit: a coiling kiss on myriad veins. I burn! I crumple like a burning leaf! From my right armpit a fang of flame leaps out. A starry snake has kissed me: a cold nightsnake. I am lost!

— Nora! —

Jan Pieters Sweelink. The quaint name of the old Dutch musician makes a beauty seem quaint and far. I hear his variations for the clavichor on an old air: <u>Youth has an end</u>. In the vague mist of old sounds a faint point of light appears: the speech of the sou is about to be heard. Youth has an end: the end is here. It will never be. You know that well. What then? Write it, dam you, write it! What else are you good for?

"Why?"
"Because otherwise I could not see you."
Sliding – space – ages – foliage of stars – and waning heaven – stillness – and stillness deeper – stillness of annihilation – and her voice.

<u>Non hunc sed Barabbam</u>!

Unreadiness. A bare apartment. Torbid daylight. A long black piano: coffin of music. Poised on its edge a woman's hat, red-flowered, and umbrella, furled. Her arms: a casque, gules, and blunt spear on a field, sable.

Envoy: Love me, love my umbrella.

Anmerkungen

Zitate und Stellenverweise werden nach folgenden Ausgaben der Joyceschen Werke gegeben: *A Portrait of the Artist as a Young Man* (New York, The Viking Press, 1964; deutsch für diese Ausgabe von K. R.); *Ulysses* (New York, Random House, 1961; deutsch von Georg Goyert, Frankfurt am Main, Suhrkamp Verlag, 1967); *Exiles* (London, The New English Library, Four Square Books, 1962; deutsch von K. R., Frankfurt am Main, Bibliothek Suhrkamp, 1968). – Die Seitenzahlen in Klammern beziehen sich auf die deutschen Ausgaben.

Anmerkungen und vor allem Stellenverweise wurden ergänzt von Fritz Senn; sie sind durch (S) gekennzeichnet. Einige Anmerkungen stammen vom Übersetzer (Ü).

Seite Zeile

28 2, 3 *furs ... quizzing-glasses:* gehören auch zur auffälligen Ausrüstung der Mrs. Bellingham im *Ulysses,* pp. 465–66 (512), 468 (514).

4, 5, 13 *brief beat of the eyelids. ... long eyelids beat ...:* Vgl. *Portrait,* p. 228: »... his thin quick eyelids beat often over his sad eyes.« (»... seine dünnen flinken Lider schlugen oftmals über seine traurigen Augen.«) (S)

9, 11 *wave of ... speech: ... The wave is spent.:* Vgl. *Ulysses* , p. 49 (59):»... wavespeech: ... And, spent, its speech ceases.« (»... Wogensprache: ... Und vergossen, schweigt seine Sprache.«) (S)

9, 10 *Swedenborg, the pseudo-Areopagite, Miguel de Molinos:* werden ausführlicher in *The Critical Writings of James Joyce* diskutiert (The Viking Press und Faber & Faber, 1959), besonders pp. 134, 220–22.

11 *Joachim Abbas:* zitiert von Stephen im *Ulysses,* pp. 39–40 (48), an der Stelle des Manuskripts, die Joyce noch fertiggestellt hatte, bevor er Triest 1915 verließ, um sich in Zürich niederzulassen.

30 3–5 *the lathe of intermarriage ... of her race:* Vgl. *Ulysses,* p. 205 (234): »Jews ... are of all races the most given to inter-marriage.« (»Juden ... neigen von allen

Seite Zeile

30 Rassen am meisten zu Heiraten unter Blutsverwandten.«) (S)

5 *seclusion of her race:* ähnlich besteht Stephen darauf *(Portrait,* p. 221), daß sein irisches Mädchen »das Geheimnis ihrer Rasse« besitzt.

6ff. Der ganze Abschnitt, der mit Speisebegriffen durchsetzt ist, antizipiert Technik und Vokabular der Lästrygonen-Episode (Kapitel 8 des *Ulysses*). (S)

8 *Shadows streak her falsely smiling face . . .:* Vgl. *Ulysses,* p. 545 (569): ». . . streaked by sunlight . . .« (». . . das Sonnenlicht tigert ihn . . .«) und *Portrait,* p. 232: ». . . Cranly's . . . face, lit up now by a smile of false patience.« (»Cranlys Gesicht, das jetzt ein Lächeln falscher Geduldigkeit erhellte.«) (S)

8, 9 *smitten by the hot creamy light:* Vgl. *Ulysses,* p. 268 (301): ». . . smitten by sunlight.« (». . . vom Sonnenlicht getroffen.«) (S)

9, 10 *grey wheyhued shadows under the jawbones:* Vgl. *Portrait,* p. 193: ». . . wheypale face.« (». . . molkebleiches Gesicht.«) (S)

12 *softened pulp:* Vgl. *Ulysses,* p. 176 (200): »Mawkish pulp . . . Soft, warm . . .« (»Widerliche Masse . . . Weiche, warme . . .«)

32 1–2 *A flower . . . blue-veined child:* Joyce schrieb über die gleiche Episode in einem Gedicht, »A Flower Given to My Daughter«, das »Triest, 1913« datiert ist. »Frail pallor« (»zerbrechliche Blässe«) charakterisiert auch Stephens Mädchen im *Portrait,* pp. 222–23.

3ff Einige der Motive (Zeile 3 *middle age,* Zeile 10–11 *Mine eyes fail in darkness,* Zeile 14 *Twilight*) sind vielleicht in das Gedicht »Bahnhofstraße« eingegangen, das Joyce 1918 in Zürich schrieb. (S)

8 *A dark wave of sense:* die Lesart *sense* ist zweifelhaft. Das Wort läßt sich auch als *verse* entziffern. Die Stelle hieße dann »Eine dunkle Woge von Versen« und bezöge sich enger auf das Kommende. (SÜ)

14 *Grey eve:* Vgl. »Bahnhofstraße«: ». . . at eve of

32 day, / Grey way ...« (»... am Abend, / grauer Weg ...«) (S)

14–19 *Twilight ... the fine-boned skull:* Joyce konsultierte vermutlich *Giacomo Joyce* noch einmal bei seiner Rückkehr nach Triest von Zürich im Jahre 1919, als er an der *Oxen of the Sun*-Episode (Kapitel 14) arbeitete. Das Ergebnis war eine Passage im *Ulysses*, p. 414 (467):

»The voices blend and fuse in clouded silence: silence that is the infinite of space: and swiftly, silently the soul is wafted over regions of cycles of cycles of generations that have lived. A region where grey twilight ever descends, never falls on wide sagegreen pasturefields, shedding her dusk, scattering a perennial dew of stars. She follows her mother with ungainly steps, a mare leading her fillyfoal. Twilight phantoms are they yet moulded in prophetic grace of structure, slim shapely haunches, a supple tendonous neck, the meek apprehensive skull. They fade, sad phantoms: all is gone. Agendath is a waste land, a home of screechowls and the sandblind upupa. Netaim, the golden, is no more. And on the highway of the clouds they come, muttering thunder of rebellion, the ghosts of beasts. Huuh! Hark! Huuh!«

(»Die Stimmen vermischen sich, verschmelzen zu wolkenartigem Schweigen: Schweigen, das die Unendlichkeit des Raumes ist: und schnell und schweigend wird die Seele getragen über Regionen von Kreisen vergangener Generationen. Eine Region, auf die immer graues Zwielicht herabsinkt, nie herabsinkt auf weite, salbeigrüne Weidefelder, das seine Dunkelheit ausgießt, einen ewigen Tau von Sternen umherstreut. Es folgt der Mutter mit ungeschickten Schritten, eine Stute, die ihr Füllen führt. Zwielichtgespenster sind sie, doch geformt in prophetischer Anmut, schlanke Hüften, ein biegsamer, geschmeidiger, sehniger Hals, demütiger, furchtsamer Schädel. Sie verschwinden,

Seite Zeile

32 traurige Gespenster: alles ist vorbei. Agendath ist ein wüstes Land, eine Heimat kreischender Eulen und des schwachsichtigen Upupa. Netaim, das goldene, ist nicht mehr. Und auf dem breiten Wege der Wolken kommen sie, grollender Donner der Rebellion, die Geister der Tiere. Hüo! Hooh! Hüo!«

Das Füllen, »equestrisches Vorzeichen«, wird allmählich zu Millicent Bloom.

20–21 *Hillo! Ostler! Hilloho!:* Stephen, ebenfalls unter Shakespeares Einfluß stehend, ruft aus: »Hola! Hillyho!« (deutsch dto.), in *Ulysses*, p. 572 (585).

34 2 *Grand Turk:* Vgl. *Ulysses*, p. 329 (370–71): »Even the grand Turk sent us his piastres.« (»Selbst der Großtürke sandte uns seine Piaster.«) (S)

3 *boots laced in deft crisscross:* »to lace up crisscrossed« (»hinaufschnüren«) ist Teil der Strafe, die Bloom auferlegt wird. *Ulysses*, p. 529 (558).

5 *A white flash:* Vgl. *Ulysses*, p. 74 (87): »Watch! Watch! Silk flash rich stockings white. Watch!« (»Aufgepaßt! aufgepaßt! Seide blitzt reich. Strümpfe weiß. Aufgepaßt!«) Die Frau, die Bloom beobachtet, hat außerdem »high brown boots with laces« (»hohe, braune Schuhe mit ... Riemen [86]) und ist offensichtlich reich. (S)

7–8 *And when she ... there to see:* leicht veränderte Schlußzeilen aus W. Cowpers Gedicht »John Gilpin«.

9 *I rush out of the tobacco-shop:* ähnlich stürzt Bloom, als er Boylan vorbeifahren sieht, aus Dalys Tabakladen. *Ulysses*, p. 264 (297). (S)

11–12 *slowly her pale cheeks are flushed with a kindling opal light:* Vgl. *Ulysses*, p. 349 (392): »... as a telltale flush ... crept into her cheeks ...« (»... als ... ein verräterisches Erröten ... in ihren Wangen hochstieg ...«) und p. 356 (401): »She felt the warm flush ... surging and flaming into her cheeks.« (»Sie fühlte das warme Erröten ... das hochstieg und in ihren Wangen flammte.«) (S)

Seite Zeile

36 10–11 *Ignatius Loyola, make haste to help me!:* Stephen ruft den gleichen Helfer für seine Shakespeare-Theorie an. *Ulysses,* p. 188 (215).
Die Invokationsformel findet sich häufig im Psalter. Etwa 38,22; 40,14; 70,2; 71,12. (Ü)

12 *This heart ... in love:* Vgl. *Ulysses,* p. 155 (176): »I am sure she was crossed in love ... My heart's broke ...« (»... sie [hatte] sicher eine unglückliche Liebe ...« Der Rest der Stelle wird von Goyert idiomatisch aufgelöst.) (S)

38 4–5 *ghosts in the mirror ... Candles!:* Vgl. *Ulysses,* p. 10 (15): »ghostcandle« (»Geisterkerze«) und p. 48 (57): »ghostcandled (»geistergekerzt«). (S)

8 *Easy now, Jamesy!:* Vgl. *Ulysses,* p. 50 (60): »Easy now.« (»Langsam jetzt.«) und p. 769 (795): »O Jamesy« (»O du lieber Gott« [sic!]). (S)

40 8–12 *shift ... shoulders ... buttocks ... furrow:* Vgl. *Ulysses,* p. 92 (108): »Shoulders. Hips ... Night of the dance dressing. Shift stuck between the cheeks
38 behind.« (»Schultern. Hüften ... Als sie sich damals zum Tanz anzog. Hemd klemmte sich zwischen die Hinterbacken.«) (S)

13 *A touch, a touch:* Molly sagt: »Give us a touch, Poldy.« (»Komm Poldy, wir wollen mal.«) *Ulysses,* p. 89 (104).

42 1–2 *spurs of a pampered fowl:* Die Ehrenwerte Frau Mervyn Talboys »stamps her jingling spurs« (»stampft ... auf, daß die Sporen klirren«), *Ulysses,* p. 467 (514). Molly, auch sie grausam und »verächtlich«, ist »plump as a pampered pouter pigeon« (»plump wie eine genudelte Kröpfertaube«), *Ulysses,* p. 441 (494). (S)

3 *The lady goes apace ...:* Bello Cohen, der auf Bloom reitet, bedient sich derselben Worte: »The lady goes a pace a pace ...« (»Die Dame reitet im Schritt, im Schritt ...«), *Ulysses,* p. 534 (561). (S)

4–9 *Trieste is waking ... in her hand:* transponiert in den

Seite Zeile

42 *Ulysses*, p. 42 (51), wurde aus dieser Stelle das Folgende: »Paris rawly waking, crude sunlight on her lemon streets. Moist pith of farls of bread, the froggreen wormwood, her matin incense, court the air. Belluomo rises from the bed of his wife's lover's wife, the kerchiefed housewife is astir, a saucer of acetic acid in her hands. In Rodot's Yvonne and Madeleine newmake their tumbled beauties, shattering with gold teeth *chaussons* of pastry, their mouths yellowed with the *pus* of *flan breton.* Faces of Paris men go by, their wellpleased pleasers, curled conquistadores.«
(»Roh erwacht Paris, grelles Sonnenlicht in seinen zitronengelben Straßen. Durchnäßte Brotstücke, froschgrüner Absinth, sein morgendlicher Duft machen der Luft den Hof. Belluomo erhebt sich aus dem Bett seines Weibes Liebhabers Weib, die behalstuchte Wirtin ist munter, hat einen Napf mit Essigsäure in der Hand. Bei Rodot erneuern Yvonne und Madeleine ihre ramponierte Schönheit, zermalmen mit Goldzähnen *chaussons* aus Kuchenteig, ihr Mund ist gegilbt von dem *pus* des *flan breton.* Gesichter von Parisern gehen vorüber, ihre geschmeichelten Schmeichler, lockige Conquistadores.«)

9–10 *Pure air and silence on the upland road: and hoofs:* Vgl. »the sound of hoofs upon the road« (»das Geräusch von Hufen auf der Straße«). *Portrait*, p. 251.

13 *shameful peaches:* zu dem Obst, das Boylan einkauft, gehören »ripe shamefaced peaches« (»schamhaftgesichtige Pfirsiche«), *Ulysses*, p. 227 (257).

15–16 *its wheel-spokes ... glare:* Vgl. *Ulysses*, p. 253 (285): »wheelspokes spinning in the glare« (»sich im hellen Lichte drehende Radspeichen«). (S)

44 2 *Ettore Albini:* Albini (1869–1954) wurde wiederholt ins Gefängnis gesetzt oder deportiert wegen seines unbeugsamen Widerstandes gegen Monarchie, Faschismus und Nationalismus. Wegen anderer Details siehe die Einführung.

Seite Zeile

44 5–6 *They love ... country it is:* dieselbe Bemerkung wird J. J. O'Molloy in den Mund gelegt, *Ulysses*, p. 337 (379).

7 *virgin most prudent:* aus der Lauretanischen Litanei. Lat. virgo prudentissima, Schott übersetzt »du weiseste Jungfrau«. (Ü)

10 *Si pol:* in gutem Triestinerisch »Se pol?« und auf italienisch »Si può?« (»Ist es gestattet?« »Darf ich?«). Der Ausdruck, der zu Dienstboten, die ein Zimmer betreten wollen, paßt, wird von dem Buffo Tonio am Eingang seines Prologs zu Leoncavallos *I Pagliacci* gebraucht.

11–12 *I play lightly ... Dowland's languid song. Loth to depart:* nicht der Titel eines Liedes, sondern eine Gattungsbezeichnung für ein Abschiedslied oder -stück. Joyce dachte vermutlich an Dowlands »Now, O now, I needs must part«. Die Anspielung ist weniger deutlich im *Portrait*, p. 219, wo das dunkle Mädchen Stephen bittet, »to sing one of his curious songs. Then he saw himself sitting at the old piano, striking chords softly from its speckled keys and singing, amid the talk which had risen again in the room, to her who leaned beside the mantelpiece a dainty song of the Elizabethans, a sad and sweet loth to depart ...« (»... eins seiner seltsamen Lieder zu singen. Dann sah er sich an dem alten Piano sitzen, sanft die Saiten von den fleckigen Tasten aus streichen und, inmitten der Gespräche, die im Zimmer wieder laut geworden waren, ihr, die am Kaminsims lehnte, ein zierlich Lied der Elisabethaner singen, ein traurig-süßes Scheiden-tut-weh ...«)

13–21 *Here, opening from ... and clip again:* Vgl. *Portrait*, p. 233

46 2–3 *Paris: ... dough of bread:* Vgl. *Ulysses*, p. 42 (51): »Paris ... Moist pith of farls of bread, the froggreen wormwood ...« (»... Paris ... Durchnäßte Brotstücke, froschgrüner Absinth ...«) (S)

Seite	Zeile	
46	6–7	*in the vast gargoyled church:* Vgl. *Ulysses*, p. 200 (227): »Harsh gargoyle face ... *C'est vendredi saint!*« (»Scharfes Wasserspeiergesicht ...«) (S)
	8	*quia frigus erat:* »Es standen aber die Knechte und Diener und hatten ein Kohlenfeuer gemacht, denn es war kalt ...« Johannes 18, 18.
	8–13	*Upon the steps ... ad Dominum:* mit der Niederwerfung der Geistlichen und der Lesung aus Hosea 6, 1–6 beginnt die Karfreitagsmesse.
	13–15	*She stands ... sindark nave:* Teile der Metaphorik werden, mit anderer Implikation, von Joyce in dem Gedicht »Nightpiece« verwendet, das »Triest, 1915« datiert ist.
	17–18	*Her soul is sorrowful:* Der »schmerzlichen« Mysterien der Hl. Jungfrau wird im zweiten Rosenkranz gedacht; zu ihnen gehört auch die Kreuzigung. Vgl. *Portrait*, p. 148 (S)
	18–19	*Weep not ... Jerusalem:* Lukas 23, 28 (S)
	22–25	*Perhaps, an ... produce her image:* Als Stephen über Shakespeare doziert, erklärt er: »The images of other males of his blood will repel him. He will see in them grotesque attempts of nature to foretell or repeat himself.« (»Die Ähnlichkeit anderer Männlicher seines Blutes wird ihn abstoßen. Er sieht in ihnen nur groteske Versuche der Natur, ihn vorherzusagen oder zu wiederholen.«) *Ulysses*, p. 195–96 (223)
48	2	*a dark coil ... uncoils:* Vgl. *Ulysses*, p. 243 (274): »Lank coils of seaweed hair« (»Dünne Ringeln Seetang Haar«). (S)
	8–10	*Tie ... simple knot:* aus Beatrices Schlußrede in Shelleys *The Cenci*, als sie sich für den Tod bereitmacht.
50	3	*lord and giver of life:* aus dem *Book of Common Prayer*. Vgl. *Ulysses*, p. 389 (439): »Lord and Giver of Life« (»Herr und Spender allen Lebens«) und p. 415 (468): »lord and giver of their life« (»Herr und Spender ihres Lebens«). (S)

Seite Zeile

52 4 *A lady of letters:* Vgl. *Ulysses*, p. 48 (59): »She lives in Leeson park, with a grief and kickshaws, a lady of letters.« (»Sie wohnt in Leeson Park, in Kummer und Kleinigkeiten, eine *dame de lettres.*«)

7–8 *Come! chook ... is frightened:* Vgl. *Ulysses*, p. 55 (65): »Afraid of the chookchooks.« (»Angst hat sie vor den Küküken.«) (S)

11 *Loggione:* die oberste Galerie im Opernhaus.

13 *sour reek of armpits:* Vgl. *Ulysses*, p. 501 (537): »... the odour of her armpits ... the lion reek of all the male brutes ...« (»Duft ihrer Achselhöhlen ... der Löwenduft aller männlichen Tiere ...«) (S)

14 *melting breast ointments:* Vgl. *Ulysses*, p. 236 (267): »Melting breast ointments ... Armpits' oniony sweat.« (»Weiche Brustsalben ... Achselhöhlen zwiebeliger Schweiß.«) (S)

15 *sulphurous:* Vgl. *Ulysses*, p. 236 (267): »Sulphur dung of lions!« (»Schwefelkot von Löwen!«) (S)

18–23 Eine ähnliche Situation findet sich im *Ulysses*, p. 284 (320), wo im Theater ein Herr auf Molly hinabsieht: »She bent. Chap in dresscircle, staring down into her with his operaglass ...« (»Sie beugte sich vor. Kerl auf Balkon sah unentwegt mit dem Opernglas rein.«) (S)

19 *braided and pinnacled hair:* Vgl. *Ulysses*, p. 256 (288): »Gold pinnacled hair.« (»Goldenes, hochgetürmtes Haar.«), p. 260 (292): »fair pinnacles of hair« (»ihre hellen Haarzinnen«) und p. 281 (316): »Hair braided over« (»Haar darüber«). (S)

54 1–2 *My words ... a quagmire:* der ähnliche Satz im *Portrait* (vgl. Einführung) steht p. 195.

3–4 *foul and fair:* die Koppelung dürfte aus Shakespeare stammen, *Macbeth*, I, i, 12: »Fair is foul, and foul is fair«. Dorothea Tieck übersetzt: »Schön ist wüst, und wüst ist schön«. (Ü)

7 *Her body ... flower:* Vgl. *Ulysses*, p. 78 (91): »He tore the flower gravely from its pinhold smelt its

Seite Zeile

54 almost no smell ...« (»Ernst riß er die Blume aus ihrem Nadelhalter, roch ihren fast Nichtduft ...«) (S)

9 *dark langour-flooded eyes:* Joyce korrigiert die Rechtschreibung und übernimmt die Attribution ins *Portrait*, p. 223: »Her eyes, dark and with a look of languor, were opening to his eyes.« (»Ihre Augen, dunkel und mit sehnsüchtigem Blick, öffneten sich seinen Augen.«)

56 2 *Dank matted hair:* Vgl. *Ulysses*, p. 502 (538): »on the hearthrug of matted hair« (»auf dem verfilzten Haar des Herdteppichs«). (S)

3 *Her lips press softly:* Vgl. *Portrait*, p. 101: »... the dark pressure of her softly parting lips. They pressed upon his brain as upon his lips ...« (»... das dunkle Pressen ihrer sanft sich öffnenden Lippen. Sie preßten wie auf seine Lippen auf sein Hirn ...«) (S)

8–9 *odalisque-featured ... obscurity:* Vgl. *Ulysses*, p. 477 (520): »... in luxury ... her odalisk lips lusciously smeared ...« (»... in Üppigkeit ... ihre Odaliskenlippen sind lieblich angemalt ...«) (S)

9–13 *Her eyes ... abundant seed:* dieselbe imaginäre Besitzung findet sich im *Portrait*, p. 223:

»Her nakedness yielded to him, radiant, warm, odorous and lavishlimbed, enfolded him like a shining cloud, enfolded him like water with a liquid life: and like a cloud of vapour or like waters circumfluent in space the liquid letters of speech, symbols of the element of mystery, flowed forth over his brain.« (»Ihre Nacktheit gab sich ihm hin, strahlend, warm, duftend und üppiggliedrig, umhüllte ihn wie eine leuchtende Wolke, umhüllte ihn wie Wasser mit liquidem Leben: und wie eine Dunstwolke oder wie im Raum umströmende Wasser ergossen die liquiden Lettern der Rede, Symbole des Elements des Mysteriums, sich über sein Hirn.«)

Vergleiche den Dialog im letzten Akt von *Exiles*, p.

Seite Zeile

56   138–39 (109–10): »Robert *(Catching her hands.)* Bertha! What happened last night? What is the truth I am to tell? *(He gazes earnestly into her eyes.)* Were you mine in that sacred night of love? Or have I dreamed it?

Bertha *(Smiles faintly.)* Remember your dream of me. You dreamed that I was yours last night.

Robert And that is the truth – a dream? That is what I am to tell?

Bertha Yes.

Robert *(Kisses both her hands.)* Bertha! *(In a softer voice.)* In all my life only that dream is real. I forget the rest.«

(»Robert *faßt ihre Hände* Bertha! Was ist gestern nacht geschehen? Was ist die Wahrheit, die ich sagen soll? *Er sieht ihr ernst in die Augen.* Warst du mein in dieser heiligen Liebesnacht? Oder habe ich's geträumt?

Bertha *lächelt schwach* Erinnere dich an deinen Traum von mir. Du hast geträumt, daß ich dein war, gestern nacht.

Robert Und das ist die Wahrheit – ein Traum? Das ist's, was ich sagen soll?

Bertha Ja.

Robert *küßt ihre beiden Hände* Bertha! *Mit leiserer Stimme.* In meinem ganzen Leben ist nur dieser Traum die Wirklichkeit. Den Rest vergeß ich.«)

58   1   *Ralli's house:* Baron Ambrogio Ralli (1878–1938), ein angesehener Triestiner, hatte an der Piazza Scorcola einen *palazzo.*

4   *her black basilisk eyes:* Vgl. *Ulysses,* p. 40 (48): »basiliskeyed« (»basiliskenäugig«) und p. 194 (221): s. folgende Anmerkung.

4–6   *basilisk eyes ... messer Brunetto:* zitiert nach Brunetto Latini, *Il Tesoro,* übersetzt von Bono Giamboni nach Latinis französischem Text, ed. P. Caballe (Bologna, 1887, 4 Bände), II, pp. 137–38. Latini sagt

Seite Zeile

58 vom Basilisken, daß er jeden Menschen durch seinen Blick vergifte. Vgl. unten Zeile 14: »a jet of liquorish venom« (»Strahl flüssigen Gifts«), und Anmerkung zu Zeile 14.

Im *Ulysses*, p. 194 (221) macht Joyce das Italienische umgangssprachlicher:

»Stephen withstood the bane of miscreant eyes, glinting stern under wrinkled brows. A basilisk. *E quando vede l'uomo l'attosca.* Messer Brunetto, I thank thee for the word.«

(»Stephan hielt den giftigen Blick aus ungläubigen Augen aus, die hart unter gerunzelten Brauen glühten. Ein Basilisk. *E quando vede l'uomo l'attosca.* Messer Brunetto, ich danke dir für das Wort.«)

7–9 *They spread ... of the hall:* Vgl. *Ulysses*, p. 47 (56): »Open hallway. Street of harlots... Red carpet spread.« (»Offener Gang. Hurenstraße ... Roter Teppich breitete sich aus.«) und p. 571 (584): »Where's the red carpet spread?« (»Wo ist der rote Teppich ausgebreitet?«) (S)

13 *a jet of liquorish venom:* Vgl. *Ulysses*, p. 431 (487): »her jet of venom« (»ihren Giftstrahl«). (S)

58 14 *A soft ... – Nora! –*: Giacomos Traum evoziert
bis eine zeitlich später liegende Szene: seine Schülerin
60 13 ist jetzt verheiratet und hat einerseits eine Fülle unerwartet progressiver sexueller Vorstellungen (»adultery of wisdom« [»Unkeuschheit der Weisheit«]) und führt gleichzeitig etwas Infernalisches, Serpentinisches gegen ihn im Schilde. Erschreckt durch diese unheilvolle Verstrickung, erwacht er zur Realität und ehelichen Sicherheit.

Diesem Traum steht ein anderer gegenüber, den Joyce später Herbert Gorman berichtete, und in dem Molly Bloom – auch sie in eine spätere Zeit versetzt – eine sargförmige Schnupftabaksdose mit den Worten nach ihm warf: »Mit Ihnen bin ich auch fertig, Mr. Joyce«, wobei Ezra Pound (statt Gogarty) danebenstand.

Seite Zeile

58 Molly gibt ihm einen Korb, während Giacomos Schülerin dabei ist, ihn zu verführen. Wie in einer seiner Epiphanien (31), zitterte Joyce sehnsüchtig nach »an iniquitous abandonment« (»frevelhafter Hingebung«) und machte deren Möglichkeit zur Szene größter Spannung, im *Ulysses* wie hier.

14 *peagreen:* Vgl. *Ulysses,* p. 350 (394): »peagreen« (»erbsengrün«). (S)

19, 24 *Symbol of the intellectual conscience ... Intellectual symbol of my race:* Vgl. *Portrait,* p. 253: »conscience of my race« (»Gewissen meiner Rasse«). (S)

60 2 *Say on!:* biblisch: 1. Samuel 15, 16; 2. Samuel 14, 12; 1. Könige 2, 14 und 16; Lukas 7, 40; Apostelgeschichte 13, 15. Bei Luther immer übersetzt mit »Sage an.« (Ü)

5–6 *Coiling approach ... flesh:* Vgl. *Ulysses,* p. 414 (468): »... it flows about her starborn flesh ... winding, coiling ... myriad metamorphoses ...« (»Er ... fließt um ihr sterngeborenes Fleisch ... windet sich, ... dreht sich ... Myriade Wandlungen ...«). »myriad« steht in Zeile 35. (S)

9–11 *I crumple ... leaps out:* Vgl. *Portrait,* p. 50: »made his trembling hand crumple together like a leaf« (»ließ seine zitternde Hand wie ein Blatt einschrumpeln«) und p. 49: »squeezing his hands under his armpits« (»quetschte seine Hände unter seine Achselhöhlen«). (S)

11 *A starry ... kissed me:* Vgl. *Ulysses,* p. 199 (226): »A snake coils her, fang in 's kiss.« (»Eine Schlange umwindet sie. Giftzahn im Kuß.«) (S)

62 1–4 *Jan Pieters Sweelink ... an end:* Stephen spricht mit Bloom über dieses Lied im *Ulysses,* p. 663 (670): »Exquisite variations he was now describing on an air *Youth here has End* by Jans Pieter Sweelinck, a Dutchman of Amsterdam where the frows come from.« (»Ausgezeichnete Variationen über eine Melodie *Jugend hat hier ein Ende* von Jans Pieter Swee-

Seite Zeile

62 linck, einem Holländer aus Amsterdam, von wo die Mevrouwen kommen, beschrieb er jetzt.«)

8–9 *What else are you good for?:* Vgl. *Ulysses*, p. 40 (49): »What else were they invented for?« (»Wozu sonst wurden sie denn geschaffen?«) (S)

10–11 »Why? ... not see you.«: Vgl. *Exiles*, p. 15–16 (11): »BEATRICE *(Hesitating, glances at him for an instant.)* Why do you think I come here?
RICHARD Why? Many reasons. To give Archie lessons. We have known one another so many years, from childhood, ... Is that the reason?
BEATRICE No.
RICHARD Why, then?
BEATRICE Otherwise I could not see you.«
(»BEATRICE *zögernd, sieht ihn einen Augenblick lang an* Warum, glauben Sie denn, komme ich her?
RICHARD Warum? Da gibt es viele Gründe. Archie Stunden zu geben. Wir kennen uns so viele Jahre, von Kindheit an ... Ist das der Grund?
BEATRICE Nein.
RICHARD Warum sonst?
BEATRICE Sonst könnte ich Sie nicht sehen.«) Vgl. Einführung (Ü)

15 *Non ... Barabban!:* Johannes 18, 40: »Nicht diesen, sondern Barabbas!« (S)

19 *a casque ... blunt spear:* Vgl. *Ulysses*, p. 192 (218–19): »Stephen looked down on a wide headless caubeen, hung on his ashplanthandle over his knee. My casque and sword.« (»Stephan blickte auf einen weiten, kopflosen Filz herab, der am Eschenstockgriff über seinem Knie hing. Mein Helm und mein Schwert.«)

Der Herausgeber dankt Ottocaro Weiss für seine große Hilfe bei den Anmerkungen, ferner Walter Toscanini, Stuart Small, Rev. J. C. Lehane und Mabel Worthington.

James Joyce im Suhrkamp Verlag

Werke. Frankfurter Ausgabe. Redaktion Klaus Reichert unter Mitwirkung von Fritz Senn.

Band 1: Dubliner. Deutsch von Dieter E. Zimmer. 1969

Band 2: Stephen der Held. Ein Porträt des Künstlers als junger Mann. Deutsch von Klaus Reichert. 1971

Band 3.1 und 3.2: Ulysses. Aus dem Englischen von Hans Wollschläger. 1975

Band 4.1: Schriften. Aufsätze. Theater. Prosa. Aus dem Englischen von Hiltrud Marschall und Klaus Reichert. 1974

Band 4.2: Gesammelte Gedichte. Englisch und deutsch. Übersetzt von Hans Wollschläger. Anna Livia Plurabelle. Englisch und deutsch. Übersetzt von Wolfgang Hildesheimer und Hans Wollschläger. 1981

Band 5: Briefe I 1900–1916. Herausgegeben von Richard Ellmann. Deutsch von Kurt Heinrich Hansen. Ergänzungen und Anmerkungen durch Fritz Senn. 1969

Band 6: Briefe II 1917–1930. Herausgegeben von Richard Ellmann. Deutsch von Kurt Heinrich Hansen. 1970

Band 7: Briefe III 1931–1941. Herausgegeben von Richard Ellmann. Deutsch von Kurt Heinrich Hansen. 1974

Neue deutsche Übersetzungen:

Anna Livia Plurabelle. Englisch/Deutsch. Einführung von Klaus Reichert. Übertragen von Wolfgang Hildesheimer und Hans Wollschläger. 1970. *Bibliothek Suhrkamp* Band 253 und *suhrkamp taschenbuch* Band 751.

Briefe. Ausgewählt von Rudolf Hartung. Deutsch von Kurt Heinrich Hansen. 1975. *suhrkamp taschenbuch* Band 253

Briefe an Nora. Aus dem Englischen von Kurt Heinrich Hansen und Fritz Senn. 1971. *Bibliothek Suhrkamp* Band 280

Die Katze und der Teufel. Ein Märchen. Aus dem Englischen von Fritz Senn. Farbig illustriert von Richard Erdoes. 1964. *Ln.*

Dubliner. Erzählungen. Aus dem Englischen von Dieter E. Zimmer. 1974. *Bibliothek Suhrkamp* Band 418

Ein Porträt des Künstlers als junger Mann. Deutsch von Klaus Reichert. 1973. *Bibliothek Suhrkamp* Band 350

Giacomo Joyce. Herausgegeben und eingeleitet von Richard Ellmann. Ergänzungen und Anmerkungen von Fritz Senn. Aus dem Englischen von Klaus Reichert. Zweisprachig. Mit den Faksimiles des vollständigen Textes. 1968. *Pp. im Schuber* und *suhrkamp taschenbuch* Band 1003. 1984

Penelope. Das letzte Kapitel des »Ulysses«. Englisch/Deutsch. Übersetzt von Hans Wollschläger. 1982. *edition suhrkamp* Band 1106

Die Toten/The Dead. Zweisprachig. Aus dem Englischen von Dieter E. Zimmer. Mit einem Nachwort von Richard Ellmann. 1976. *Bibliothek Suhrkamp* Band 514

Stephen der Held. Deutsch von Klaus Reichert. 1973. *Bibliothek Suhrkamp* Band 338

Ulysses. Aus dem Englischen von Hans Wollschläger. 1982. *edition suhrkamp* Band 1100

Verbannte. Schauspiel. Aus dem Englischen von Klaus Reichert. 1968. *Bibliothek Suhrkamp* Band 217

Ulysses. Einführung von C. Giedion-Welcker. 1956. *Ln.*
Übersetzung von Georg Goyert

Zu James Joyce:

Frank Budgen, James Joyce und die Entstehung des »Ulysses«. Aus dem Englischen von Werner Morlang. 1976. *Ln.* (auch als *suhrkamp taschenbuch* Band 752)

Richard Ellmann, James Joyce. 1959. *Ln.* und *suhrkamp taschenbuch* Band 473. 1979

Richard Ellmann, Odysseus in Dublin. Aus dem Englischen von Claudia Dörmann. 1978. *Geb.*

Stuart Gilbert, Das Rätsel Ulysses. Eine Studie. Aus dem Englischen von Georg Goyert. 1976. *suhrkamp taschenbuch* Band 367

Hugh Kenner, Ulysses. Aus dem Englischen von Harald Beck und Claus Melchior. 1982. *edition suhrkamp* Band 1104

Arthur Power, Gespräche mit James Joyce. Aus dem Englischen von Werner Morlang. 1978. *Geb.*

James Joyces »Ulysses«. Neuere deutsche Aufsätze. Herausgegeben von Therese Fischer-Seidel. 1977. *edition suhrkamp* Band 826

Materialien zu James Joyces »Dubliner«. Herausgegeben von Klaus Reichert und Fritz Senn. 1969. *edition suhrkamp* Band 357

Materialien zu James Joyces »Ein Porträt des Künstlers als junger Mann«. Herausgegeben von Klaus Reichert und Fritz Senn. 1975. *edition suhrkamp* Band 776

Hans Wollschläger liest James Joyce. Der Band enthält eine Kassette mit dem Mitschnitt der Lesung aus *Ulysses* und *Finnegans Wake* sowie der detaillierten Einführung in die Lesung. 1982. *edition suhrkamp* Band 1105

Gisèle Freund, Drei Tage mit James Joyce. Mit einem Vorwort von Philippe Sollers. Aus dem Französischen von Franz-Heinrich Hackel. 44 Abbildungen. 1983. *suhrkamp taschenbuch* Band 929

Alphabetisches Gesamtverzeichnis der suhrkamp taschenbücher